AF866102

Für EMMA
und alle Möwen, die so heißen

Moritz Holfelder

Das Buch vom Strandkorb

Husum

Umschlagbilder: Strandkorb in Wittdün auf der Insel Amrum (vorne),
Strandkörbe an der Neuen Seebrücke in Ahlbeck auf der Insel Usedom (hinten)

Bildnachweis:

- Süddeutscher Verlag, Bilderdienst, Seite 2, 56, 57, 106, 142;
- Horst Wöbbeking, Seite 9, 119 (unten), 129 (oben);
- historische Postkarten, Seite 33, 36, 37, 44, 58, 94, 125, 126, 139, 140, 144;
- Altonaer Museum, Hamburg, Seite 114;
- A. Paul-Weber-Museum, Ratzeburg, Seite 113;
- Fondazione M. Werefkin, Ascona, Seite 111;
- Koninklijk Museum voor Schone Kunsten, Antwerpen, Seite 24;
- Städtisches Museum Flensburg, Seite 26;
- Sylter Archiv, Seite 32, 61, 128;
- Archiv Rudolf Bartelmann, Seite 39, 41, 43, 124, 153;
- Archiv Firma Eggers, Seite 54;
- Archiv Korb GmbH Heringsdorf, Seite 49, 50, 51, 52, 59, 68, 99;
- Archiv Familie Seipel, Seite 123;
- Archiv Helga Stoyke, Seite 42, 46/47;
- Hubertus Jessel, Seite 65, 118, 119 (oben);
- Merian/Hamburg, Seite 91, 93;
- Helmut Buss, Seite 148;
- Roger Glamann, Seite 10, 121, 157 (unten);
- ZDF/Mainz, Seite 75;
- Aral AG/Bochum, Seite 76;
- Bundesregierung/Kühler, Seite 160;
- restliche Fotos (einschließlich Umschlag): Moritz Holfelder;
- restliche Abbildungen: Archiv des Verfassers

Bibliografische Information der Deutschen Nationalbibliothek

Die Deutsche Nationalbibliothek verzeichnet diese Publikation
in der Deutschen Nationalbibliografie; detaillierte bibliografische Daten
sind im Internet über http://dnb.d-nb.de abrufbar.

2. Auflage 2011

© 1996 by Husum Druck- und Verlagsgesellschaft mbH u. Co. KG,
Husum

Gesamtherstellung: Husum Druck- und Verlagsgesellschaft
Postfach 1480, D-25804 Husum – www.verlagsgruppe.de

ISBN 978-3-88042-767-9

1.

Das Meer ist Ansichtssache.
Die Seitenteile des Strandkorbes halten nicht nur die Konstruktion dieses Sofas am Meer zusammen, sondern vor allem den Blick. Bündeln ihn. Konzentrieren ihn auf die Linien im Sand, die scheinbar gleichmäßige Bewegung des Wassers.

Der Horizont: eine Hochzeit in Blau. Himmel und Meer vermählen sich. Fast immer ein Happy End. Wie im Kino. Kitsch und weiße Segelboote. Das hat, aus dem Strandkorb besehen, Format! Einen Rahmen. Im Strandkorb sitzen und die Welt wahrnehmen: ein Urlaubsfilm. Der Blick, keine statische Postkarte, sondern ein bewegtes Seestück!

Aber wichtig dafür ist eben die seitliche Begrenzung. Die Reduzierung auf einen Ausschnitt. Ein Filmbild.

Maximiliane Feldmann,
Filmemacherin

2.

Ich zwänge mich doch nicht in eine von diesen engen Kisten und sehe dann gar nichts mehr. Da hat man doch keinen freien Blick. Diese eingeengte Sicht macht mich nervös. Ich möchte mitbekommen, was am Strand passiert. Nicht nur immer dahin kucken, in welche Richtung der Strandkorb gerade steht. Da kann ich keine fünf Minuten drin sitzen, wenn ich mich nicht umdrehen kann, wenn ich nicht sehe, was hinter meinem

Rücken passiert. Wenn ich nicht das ganze Panorama des Strandes um mich herum habe.

Der Strand ist doch wegen seiner Weite toll. Der Himmel drüber. Alles so endlos und weit eben. Und dann stehen da diese blöden Strandkörbe herum und jeder hat wie im Schrebergarten sein Häuschen und keiner sieht mehr was.

Michael Webmann,
Feingerätemechaniker, passionierter Handtuchlieger

3.

Sie schreiben also ein Buch über Strandkörbe? Da ist doch nichts Besonderes dran. Im Urlaub sitz' ich im Strandkorb und sonst halt im Büro.

Erwin Ott,
Bankangestellter

STRANDKORB FÜR ANFÄNGER

Strandkorb, der; -(e)s, Strandkörbe;
Allwettersitz; anachronistischer Dauer-Sitz; Antiquität aus der Kaiserzeit; Badekabine; Bademöbel; Basislager; Bleibe am Strand; Bräunungsstudio; der Deutschen liebstes Urlaubsziel; deutsches Ungetüm; deutsches Unikum; Doppellieger; eigene vier Wände; Einsitzer; ein Stück Zuhause; Feriensofa; Freizeitmöbel; Freizeitoase; geflochtenes Palais; Faulenz-Laube; Ganzlieger; Gartenlaube an der See; geflochtener Windschutz; geistige Abflughalle; gepolstertes Flechtwerk; gestreifter Geflochtener; Gralsburg; Halblieger; Hide; hochgestellter Wäschekorb; Inhalationskabine; Korb; Korbbehausung; Korb für alle Wetter; Korbsessel; Korbstuhl; Korbware; Korb zur Aufbewahrung von Badegästen; Kuschelecke; Laube am Meer; Lesesaal; Liebeslaube; Liebesnest; Liege- und Lotterstuhl; Logenplatz am Meer; Luxusmöbel; mobile Badehütte; Möbel im Sand; Oase der Ruhe; Ostseeklassiker; Quentchen Zivilisation; Regenschutz; Rohrsessel; Rückendeckung; Salon im Sand; Schattenspender; segensreiches Korbgeflecht; Sitzkorb; Sitzlaube; Sitzmöbel; Sofa am Meer; Sommerbratpfanne; Sonnenkiepe; Strandbunker; Strandlaube; Strand-Stuhl; Strandvilla; Strand-Wohneinheit; sturmfreie Bude; Therapiesessel; Thron am Strand; Trutzburg; Typ ‚DDR-Platte'; Urlaubsstrand-Architektur; Urlaubshafen; Windfang; Wind- und Wetterschutz; Wohnung am Flutsaum; Zweisitzer; zweisitziger Kippkorb; zweites Zuhause.

Über die Faszination, die ein Strandkorb auf nahezu jeden Menschen ausübt, muß man nicht viele Worte verlieren. Meist stehen wir dieser mobilen Behausung in Badehose gegenüber, und da es dort, wo die Strandkörbe beheimatet sind, an den Nord- und Ostseeküsten, heftig und noch dazu kühl bläst, sind wir gewaltig froh, einen Schutz gegen Wind und Wetter gefunden zu haben. Und wo sonst kann man trotz Einkesselung durch Urlaubermassen das Gefühl genießen, allein zu sein: eben – in den Strandkorb verkriechen!

Eigentlich muß man nur einen Grundsatz beachten: Den Strandkorb vom Wind weg und möglichst der Sonne entgegendrehen. Und dann diesen Grundsatz gleich wieder fallenlassen, denn was ist bei Wind aus Richtung des Sonnenstandes? Das richtige Korb-Feeling ist ein höchst unwägbares und individuelles Phänomen.

Auf alle Fälle ist die Benutzung dieser Strandlaube weit ungefährlicher als das Sitzen etwa auf einer Hollywoodschaukel.

Das Wichtigste ist, vor allem an einem gutbesuchten Strand, den richtigen Strandkorb zu finden, denjenigen, den man ja in aller Regel zuvor für eine bestimmte Zeit (Stunden, Tage, Wochen) gemietet hat. Achtung: Wer den falschen Strandkorb besetzt, wird den massiven Zorn des eigentlichen Strandkorbbenutzers auf sich ziehen.

Strandkorb-Besetzer werden in Deutschland geächtet. Touristen aller Schichten: Solidarisiert euch in der Verteidigung eures liebsten Urlaubsziels!

Hier also ein paar Ratschläge zum richtigen Gebrauch:

Eine aufgemalte oder aufgesprayte Nummer seitlich oder auch hinten macht den jeweiligen Strandkorb zu einem individuellen. So können wir ihn eindeutig als den unsrigen oder einen fremden erkennen.

Nun berühren Sie ihn einmal. Ja, fassen Sie ihn an. Halten Sie ihn in der Hand: Hingewiesen sei auf die zwei Henkel bzw. Tragegriffe, die rechts und links angebracht sind, um den Strandkorb anzuheben und zu bewegen. Achtung: Der heutzutage übliche Zweisitzer ist zu breit, als daß eine einzige Person den Strandkorb umfassen und ihn alleine tragen könnte. Außerdem ist er zu schwer. Der ausgewachsene Strandkorb wiegt etwa 80 Kilo, er ist 1 Meter 20 breit, 85 Zentimeter tief und 1 Meter 60 hoch.

Ist er erst einmal zu Wind und Sonne in Position gebracht, kann als nächstes das Holzgitter entfernt werden, mit dem der Strandkorb an der Vorderseite gerne verschlossen wird, um über Nacht die Badesachen dalassen zu können oder um ungebetene Gäste auszusperren. Meist fehlt an dem Gitter allerdings das entsprechende Hängeschloß, da es in der rauh-salzigen Seeluft sowieso in kürzester Zeit verrotten würde.

„Wenn nötig, können hinter dem Holzgitter auch ungezogene Kinder aufbewahrt werden", empfahl ein Hersteller in den dreißiger Jahren einmal. Ist das Gitter also entfernt und sind die Kinder befreit, sollte man sich als Strandkorb-Frischling alleine (ohne Kinder!) diesem Freizeit-Sitzmöbel nähern, um alle Möglichkeiten, die es dem neuen Be-Sitzer bietet, ausführlich und in Ruhe zu erforschen.

Verlockend ist natürlich sofort das seitliche, kleine Klapptischchen, das, an einem Drahtbügel hängend, dank einer ausgefrästen Nut in die Waagerechte gebracht werden kann, um sodann als Abstellfläche für Getränke, Sonnenölflaschen und anderes zu dienen. Aber dieses zugegebenermaßen liebevolle und unschätzbare Detail

Tücke des Objekts: Der Koeffizient aus Windrichtung, Sonnenstand, Sitzposition und Einsehbarkeit will gefunden werden!

lenkt die Aufmerksamkeit nur vom Wesentlichen ab. Wichtiger ist es allemal, den Strandkorb, je nach Person, angemessen zu justieren. Denn das gesamte Rückteil, das sich schließlich zum Dach des Strandkorbes wölbt (Fachbegriff: die Haube; oder auch: das Verdeck), kann in seinem Neigungswinkel verstellt werden.

Insgesamt fünf Positionen sind in der Regel möglich, bisweilen auch die stufenlose Verstellung. Individuell muß also ein Koeffizient aus Windrichtung, gewünschter Sonneneinstrahlung, Abschottung gegenüber Nachbarstrandkörben und favorisierter Ruheposition (Sitzen oder Liegen?) gebildet werden, um die ideale Einstellung zu finden. Nun erst können die beiden seitlichen, auf Metallschienen laufenden Sperrhaken aus ihrer Einrastbohrung gelöst werden. Die Rückwand des Strandkorbes läßt sich jetzt frei nach hinten bewegen (Hinweis: Eine Sperre gegen rücksichts- oder absichtsloses Überkippen ist eingebaut!), bis die Sperrhaken erneut einrasten (Achtung: Finger nicht einklemmen!), sagen wir in der Liegeposition.

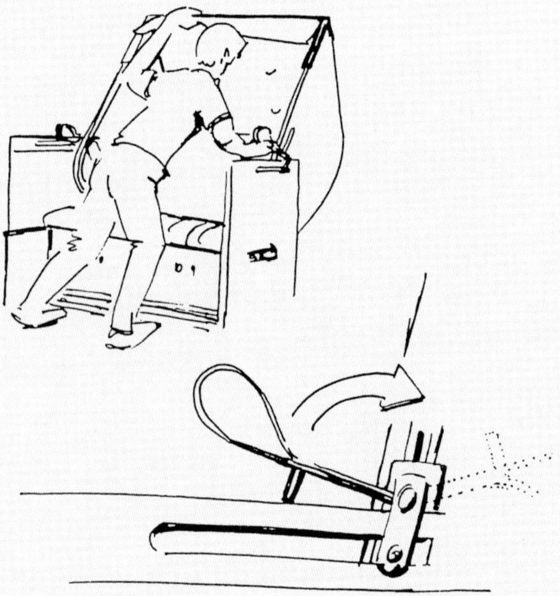

Schon mancher hat sich die Finger geklemmt: Beim Sylt-Korb ist die Haubenverstellung relativ problemlos (aus: Roger Glamann).

Wer jetzt von der Sonne geblendet wird, hat die Möglichkeit, die kleine Stoff-Markise an der Vorderseite des Daches aufzuklappen und damit das eigene Wohlbefinden wesentlich zu steigern.

Fehlt nur ein Podest, auf welches man die Füße legen könnte. Doch auch hier verwöhnt uns der Strandkorb, verwöhnt uns gewissermaßen mit seinen Innereien. Denn unter der Sitzfläche versteckt ruhen zwei Fußaufliege-Polster (auch: Fußrasten), die, nachdem man einen kleinen Holzriegel beiseite geschoben hat, an Metallschienen stufenlos hervorgezogen (um nicht zu sagen: hervorgezaubert) werden können. Voilà – auch die Füße ruhen nun bequem in der Horizontalen. Zwischenbemerkung: Bei aufrechteren Lagen (etwa: halb Sitzen, halb Liegen) gibt ein nach oben überstehendes Abschlußbrett an den Fußaufliege-Polstern den Füßen den nötigen Halt. Hier können Sie die Beine abstützen und den Körper so vor dem langsamen Abrutschen bewahren.

Zurück in die Horizontale: Man blickt nach oben in das Dach des Strandkorbes. Dort sollte eine Schnur querverspannt sein, die zur Aufnahme von Handtüchern oder Textilien dienen kann.

Je nach Strandkorbmodell verlangen weitere Extras unsere Aufmerksamkeit: Seitliche Armlehnen; eingenähte Seitentaschen für Uhr, Sonnenbrille, Transistor oder Zeitung; Haken für Kleider; abschließbares Schubfach für Wertsachen.

Beachtung verdient natürlich auch die Innengestaltung des Strandkorbes, sprich: das Design. Durchaus üblich ist heutzutage plastifiziertes Material in bunten Sommerfarben, das mit kleinen Metallklammern befestigt (neudeutsch: getackert) wird, natürlich langlebig, abwaschbar und wetterfest.

Selten, aber durchaus etwas für Individualisten: Die fotorealistische Plastikfolie mit Abbildungen von Muscheln, Fischen und anderem Unterwasser-Getier. Man sitzt wie im Aquarium. Für Freunde des Tauchsports der gewisse Kitzel, der durch das Anlegen einer Tauchmaske und durch Schnorchel-Atmung noch erhöht werden kann. Dieser Strandkorb „Modell Abyss" wird zum virtuellen Abenteuer- und Erlebnisort. Warnung: Eventuell mitgeführte Harpunen bitte nicht abfeuern. Ein Tiefenrausch im Strandkorb kann allerdings mit absoluter Sicherheit ausgeschlossen werden.

Wie alle Sitzmöbel richten sich natürlich auch Strandkörbe nach den üblichen Bevölkerungs-Durchschnittsmaßen. Wer also zwischen 1,60 Meter und 1,80 Meter groß ist, dürfte beim Sitzen und Liegen kaum Probleme haben.

Größere Menschen hingegen hocken gefühlsmäßig vielleicht zu

tief, oder auch zu hoch, je nach individuellem Empfinden. Lange Beine können außerdem unangenehm über die ausgezogenen Fußaufliege-Polster hinausstehen. Hier hilft nur findiges Experimentieren: Manchen Menschen oberhalb der Normgröße hilft es, wenn sie sich auf ein zusammengelegtes Handtuch setzen, ihre Sitzposition künstlich erhöhen. Andere schaufeln einen Sandhaufen vor den Strandkorb, verlängern so gewissermaßen die Fußaufliege-Polster, um zusätzlichen Platz für die Extremitäten zu schaffen. Kurzum: Alles ist erlaubt und nur eine Frage der Kreativität.

Sehr kleinen Menschen, die in bestimmten, halb-aufrechten Liegepositionen auf der glatten Plastikbespannung immer wieder und nervend unaufhaltsam nach unten rutschen, weil ihre Füße keinen Halt finden, eben nicht bis an das überstehende Abschlußbrett der Fußrasten reichen, sei empfohlen, einmal zu probieren, sich quer in den Strandkorb zu setzen bzw. zu legen. Oft ist dies eine ganz wunderbare Stellung, um die sie dann von großen Menschen durchaus beneidet werden. Möglicher Wermutstropfen: Bisweilen seitlich angebrachte Armlehnen drücken im Rücken. Tip: Ein zu einem Kissen gerollter Bademantel hilft, solche Ausbuchtungen zu kaschieren.

Ein abschließendes Wort zum gemeinsamen Be-Sitzen (also: zu zweit!) eines Strandkorbes: Da mag es zu Konflikten kommen, vor allem bei unterschiedlich großen Menschen. Auch zwei sehr füllige (also: dicke!) Strand-Urlauber könnten Stellungs- und Platzprobleme haben. Hier empfiehlt sich auf alle Fälle und zur Sicherheit die Mitnahme eines großen Handtuches, einer Luftmatratze oder eines klappbaren Liegestuhles für eventuelle Ausquartierungen.

Allerletzte Bemerkung: Keine Panik, sollte es einmal anfangen zu regnen. Strandkörbe sind gegen von oben kommendes Wasser in der Regel dicht und eignen sich durchaus zum Aus-Sitzen eines längeren Schauers. Viel Spaß.

Und nie vergessen: Auch im Strandkorb – Eltern haften für ihre Kinder!

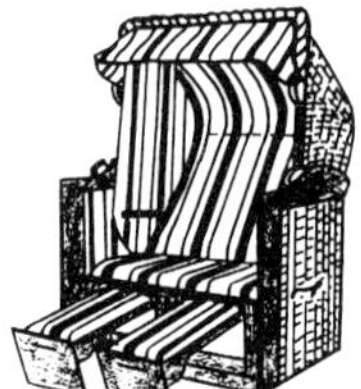

Strandleben bis zum letzten Zipfel Sonne – Schattenspiel mit Körben in Kühlungsborn.

ER SCHIPPT, SIE SITZT

21 Momentaufnahmen eines Sommers Panoptikum des Urlaubs an der See

8. Juni, 16 Uhr 20, Westerland
Ein Mann packt sein Fernglas aus. Dann steht er auf und stützt sich, mit dem Feldstecher in der Hand, auf das Dach des Strandkorbes. Justiert immer wieder die Schärfe seiner Optik, schaut mal dahin, mal dorthin mit dem geübten Blick des Jägers. Einfach fokussierend. Beobachtet, so scheint es, vor allem Damen im Badeanzug, die unentschlossen in der Brandung stehen. Wie sie hüpfen, wenn eine Welle kommt.
Gut eine Stunde steht er da mit dem Fernglas. Packt es dann wieder ein.

13. Juni, 8 Uhr 09, Dagebüll
Ein roter Strandkorb am Fuß des Deiches auf der grünen Wiese. Ein Schaf weidet davor. Als sich eine Möwe auf dem Dach des Strandkorbes niederläßt, blickt das Schaf den Vogel einmal kurz und mißbilligend an, dann frißt es weiter. Kaut das Gras.

17. Juni, 10 Uhr 47, Süddorf
Bauten sich die Siedler früher zum Schutz eine Wagenburg, so schaufelt sich die deutsche Großfamilie in der Urlaubskolonie heutzutage eine Strandkorb-Burg: Einen Sandwall aufgeschüttet, zwei Strandkörbe nebeneinander gerückt. Einer für Papa und Mama, einer für Oma und Opa. Die deutsche Flagge wird gehißt. Natürlich. Im Schatten dümpeln ein paar Dosen Bier in der hellblauen Kühltasche. Ein Sonnenschirm sowie Campingtisch und -stühle komplettieren das Idyll. Irgendwo quäkt ein Transistorradio die aktuellen Stau-Meldungen des ADAC in die Welt. Wie aus dem Bilderbuch: Großvater liest die BILD-Zeitung und Oma kruscht in vielen Taschen nach der Schutzcreme für die bereits sonnenverbrannten Kinder ...

31. Juni, 18 Uhr 47, Heiligendamm
Im Residenz-Restaurant direkt am Strand erholen sich Barbie und ihr Freund Ken von der Hitze des Tages. Sie noch im roten Einteiler, lässig ein Hemd übergeworfen, das üppige, vom Wind zerzauste, blonde Haar durch ein grünes Band gehalten. Er nur mit Bermudashorts angetan, den muskulösen Oberkörper zur Schau stellend.

Zwei riesige, weiße Tauben haben sich auf den Strandkörben der beiden niedergelassen. Nur der Oberkellner läßt sich nicht blicken. Aber Barbie und Ken lachen trotzdem. Schließlich sind sie der Mittelpunkt des Lokals. Das amerikanische Puppen-Traumpaar verliert nie seine gute Laune, auch nicht beim Urlaub an der deutschen Ostseeküste.

31. Juni, 20 Uhr 48, Heiligendamm
„Dasch isch meiiin Schtrandkob", faucht der Penner, der, offensichtlich obdachlos, sein Quartier für diese Nacht gefunden hat und nicht mehr hergeben will. Warum auch? Umständlich breitet er eine karierte Decke über den Knien aus, nestelt noch an seinen Schuhen herum, vergewissert sich nach dem in mehreren Plastiktüten verstauten Hab und Gut, das um den Strandkorb herum im Sand steht. „Gudde Nach", hält er denen entgegen, die sich seiner Ruhestätte noch nähern wollen.

Als es dunkler wird, erkennt man gerade noch den Schemen des Mannes in seiner Behausung. Inzwischen hat er auch das Holzgitter, mit dem der Strandkorb verschlossen werden kann, wieder eingehängt und ruht dahinter wie in einer Ausnüchterungszelle, mit angewinkelten Beinen und geknicktem Oberkörper scheinbar unbequem liegend. Er schnarcht ...

1. Juli, 13 Uhr 02, Ahrenshoop
Mittagshitze im Strandkorb. Ein Gedicht, ein Gedicht! Wo sonst, als in der ehemaligen Künstlerkolonie Vorpommerns.
Ein Badegast hat es mit dickem, schwarzem Filzschreiber auf den kleinen Klapptisch geschrieben:

„Breites Meer flimmert mir vorüber
über den Ufern bolzt der Tag, die Sonne
Viel zu heller Himmel ergoß sich brausend
gleich schwindelte mir vor lauter Wonne

links und rechts mit den Lichtern und Reflexen
Mein Blick entgleitet mir vornüber, vornüber
und bohrt sich in den Sand"

1. Juli, 21 Uhr 51, Zingst
Eine rote Scheibe versinkt im Meer. Die Strandkörbe – ein Schattenspiel. Aus einem dringt Gelächter. Zwei genießen das Theater der Sonne. Den Blick zum Horizont und die nackten Füße im Sand. Daneben eine Flasche Sekt.

Der Tag ist gelaufen. Die Nacht bricht herein.

2. Juli, 16 Uhr 05, Hiddensee
Ein schwarzer Badeanzug, aufrecht im Schatten des Strandkorbes. Eine alabasterhafte, reglose Statue. Ihre helle Haut verschwimmt auf die Entfernung mit den weißen Streifen des Stoffbezuges, von den blauen hebt sie sich deutlich ab. Die Frau bewegt sich kaum, die Knie eng aneinandergepreßt, Oberkörper und Kopf in einer unnatürlich steifen Haltung. Scheinbar angespannt.

Ein Mann in hellen Sommerkleidern und mit einem Strohhut auf dem Kopf schaufelt einen kleinen Wall um den Strandkorb herum. Er macht alle paar Minuten eine Pause, lehnt sich auf seinen Spaten und ruht für einen Moment.

Sie und er reden kein Wort miteinander ... Die Prinzessin und der Schaufelknecht.

8. Juli, 12 Uhr 45, Bansin
Direkt nebeneinander sitzen eine ältere Frau und ein älterer Herr jeweils in ihrem Strandkorb. Beide lesen. Sind ganz versunken in ihre Bücher. Sie blättern etwa immer zur gleichen Zeit um. Es ist spannend, zuzuschauen, wer von beiden das nächste Mal, bei der folgenden Seite, der erste sein wird. Und so blättern sie bis tief in den Nachmittag hinein.

Dann legt der Herr sein Buch als erster aus der Hand. Er hat es zu Ende gelesen. Morgen braucht er ein neues, um den Wettkampf wieder aufnehmen zu können ...

9. Juli, 12 Uhr 34, Ahlbeck
Eine Mutter stillt ihr Baby. Hinter dem Strandkorb füllt der etwa fünfjährige Sohn Sand in die Tasche mit den Badesachen.

Er hört erst auf, nachdem die Tasche schon fast voll ist.

Die Mutter stillt ihr Baby.

Lieber die Taube auf dem Dach als den Spatz in der Hand: Barbie und Ken – zwei Amerikaner an der Ostsee in Heiligendamm.

11. Juli, 13 Uhr 34, Heringsdorf
Gegen elf Uhr hat die Frau das Rückteil ihres Strandkorbes nach hinten gekippt und es sich auf der so entstandenen Liegefläche gemütlich gemacht. Kurz darauf ist sie eingeschlafen. Durch die Veränderung des Sonnenstandes liegt sie inzwischen im vollen Licht. Man glaubt zu sehen, wie sich die Haut ihrer Beine von Minute zu Minute stärker und stärker rötet.

Ein Ehepaar in einem benachbarten Strandkorb überlegt, ob es die Dame in der Sonne wecken soll.

29. Juli, 10 Uhr 55, Travemünde
Der Herr aus einer der hinteren Strandkorb-Reihen ist, nachdem seine Frau und vor allem die Kinder ihn gedrängt haben, losgezogen, um vielleicht doch noch einen Platz näher am Wasser zu ergattern. In Unkenntnis der Lage vor Ort hat die Familie offensichtlich nicht daran gedacht, sich einen Strandkorb direkt am Meer reservieren zu lassen.

Nach kurzer Zeit kommt der Vater zurück. Er gibt schon von weitem das Zeichen zum Umzug. Taschen und Rücksäcke werden wieder geschultert, die Karawane zieht weiter. Nur ein aufblasbares Krokodil bleibt zurück, liegt vergessen ein paar Meter hinter dem Strandkorb.

Minuten später kommt der Vater nochmal zurück und holt es. Er geht sehr langsam ... mit dem Krokodil.

30. Juli, 14 Uhr 08, Travemünde
Von der Promenade aus blickt man über ein Dächermeer von Strandkörben. Da und dort steigen Bälle in den Himmel, hoch in die Luft getrieben von Beachball-Spielern oder Volleyballern. Ein vielstimmiges Juchzen, Schreien, Lachen, Brüllen liegt über der bunten Szenerie, durch die sich Menschen wie durch eine sommerliche Spielzeuglandschaft bewegen. Dann halten sie alle inne und blicken nur mehr in eine Richtung. Eine riesige weiße Wand überragt im Hintergrund plötzlich die Idylle mit Strandkorb. Wie aus dem Nichts ist sie aufgetaucht, und kurz darauf ist sie auch schon wieder verschwunden. Ein Wunder? Eine Erscheinung? Eine Fata Morgana?

Nichts von alledem: Ein großes Fährschiff hat die nahe Hafeneinfahrt passiert. Das tiefe Fahrwasser für die Ozeandampfer liegt nur ein paar Schritte hinter dem Strand.

1. August, 14 Uhr 02, Hörnum
Die Frau hat sich in ihren Strandkorb zurückgezogen. Ein junger Mann hat sie angesprochen. Offensichtlich war er ihr zu aufdringlich. Sie wollte ihre Ruhe haben. Ihre körpersprachlichen Zeichen sind eindeutig: Sie sitzt quer im Strandkorb, geborgen wie in einer schützenden Höhle, den Kopf gesenkt. Sie liest. Für lange Zeit schaut sie von ihrem Buch nicht auf.

Der junge Mann ist längst verschwunden. Er hat einen Korb bekommen.

7. August, 9 Uhr 58, Wittdün
Eine Familie mit zwei Kindern kommt an den Strand. Der Strandkorb ist mit einem Holzgitter verschlossen. Dahinter ruhen das Sandspielzeug und die Badeutensilien (aufblasbare Plastiktiere, Schwimmflügel etc.). Das Vorhängeschloß klemmt. Mutter und Vater probieren mehrfach daran herum. Der kleine Junge fragt: „Kriegen wir das nie mehr auf?" Sein Bruder ist den Tränen nahe.

Schließlich kommt ein Mitarbeiter der Kurverwaltung mit einem Bolzenschneider, und der Tag ist gerettet.

10. August, 12 Uhr 35, Nebel
Zwei kleine, etwa zweijährige Mädchen sitzen in einem Strandkorb. Auf den zwei aufgeklappten Seitentischchen haben sie ihr Mittagessen angeordnet. Jeweils eine Flasche mit Wasser, außerdem eine Tupperschachtel mit Apfelschnitzen, Butterbrote, eine Banane, eine Tüte mit Knäckebrot. Akkurat beginnen sie ihr Mahl. Bieten sich gegenseitig etwas an. Trinken erst etwas Wasser. Mampfen dann die Äpfel, von denen einer schließlich in den Sand fällt. Das eine Mädchen klettert vom Sitz des Strandkorbes herunter, hebt den Apfelschnitz auf, schaut ihn an, läßt ihn wieder fallen.

11. August, 17 Uhr 18, Wyk auf Föhr
Ein Junge ist auf das Dach eines Strandkorbes geklettert. Von oben schmeißt er bunte Glasmurmeln, die er aus seiner Hosentasche holt, hinunter in den Sand. Schließlich springt er selbst hinterher. Natürlich findet er die Murmeln nicht mehr und brüllt lauthals nach seiner Mutter ...

12. August, 14 Uhr 27, Süddorf
Ein älteres Ehepaar sitzt im Strandkorb, ganz in der Nähe der Duschen. Ein heftiger Wind bläst, und man sieht, wie der Sandwall, der um den Strandkorb herum errichtet wurde, langsam seine Form verändert, wie die Sandkörner in dem steten Luftstrom weggeblasen werden und sich an anderer Stelle, wer weiß wo, wieder anlagern.

Nachdem der Mann im Strandkorb diesem natürlichen Erosionsprozeß lange genug zugeschaut hat, steht er auf, schippt wieder ein paar Schaufeln Sand auf den Wall, nimmt seine Gießkanne, füllt sie bei den Duschen und wässert das Bollwerk : Feucht kann er nämlich nicht davongeblasen werden! Der Sand.

16. August, 19 Uhr 52, Norddorf
Weit abseits vom offiziellen Strand steht auf dem Kniepsand ein Strandkorb ganz allein. Keine Menschenseele weit und breit. Am Himmel weiße Schleier. Die Schatten werden lang.

Eine Vision, wenn man die Augen zukneift: Man wandert tagelang durch eine Wüste und steht plötzlich, mitten in diesem unendlich weiten Nichts, vor einem Strandkorb. Und dann stelle man sich noch ein Kamel daneben vor.

10. September, 15 Uhr 58, Westerland
Die Brandung klatscht gegen die Wellenbrecher des Küstenschutzes, die Strandkörbe stehen sicher auf der Promenade. Ein Ehepaar, gekleidet in Ostfriesennerze, sitzt geborgen mit dem Rücken zum Meer und atmet die sturmgepeitschte Atmosphäre, das verstäubte Salzwasser. Immer wieder geht ein feiner Regen nieder, mit der Gischt aufgewirbeltes Meeres-Aerosol hängt satt in der Luft. Der Strandkorb als Inhalationskabine.

Brotzeit im Aquarium: Strandkorb mit fotorealistischer Unterwasserplastikfolie.

Mondsüchtiger Strandkorb in Kühlungsborn.

15. September, 21 Uhr 01, Kühlungsborn
Längst stehen die grünen Strandkörbe wieder ordentlich an ihrem jeweiligen Platz. Abends rückt sie der Vermieter immer in Reih' und Glied, ganz so, als würden sie sich sonst zu nächtlicher Stunde auf und davon machen.

Während die Sonne gerade im Meer versinkt, steht der Mond schon hell am Himmel und alles scheint ruhig. Doch da schiebt sich, wie von Geisterhand gezogen, ein blauer Strandkorb nach vorne, der sich nun, gespenstisch leuchtend, vor seine grünen Artgenossen gedrängt hat. Ein später Badegast hat ihn dorthin gewuchtet, damit sein Blick frei auf das abendrote Meer fallen kann.

WÄSCHEKORB ZUM SITZEN

Die Geschichte des Strandkorbes

Der Maler Jacob Jordaens war ein Mann auf Seiten des Volkes. Der Sohn eines Leinenhändlers galt als ein fröhlicher, lebenslustiger Mensch. In seinen Bildern leuchtet nicht selten kraftvolles, üppiges Sonnenlicht, und die Farben singen ebenso wie die Menschen. Seine Modelle hat er offensichtlich unter einfachen Leuten ausgewählt, sie erscheinen bodenständig und bescheiden, aber auch heiter und gesund. Ganz anders als die überzüchteten Höflinge, die sich auf den vornehm-aristokratischen Gemälden seiner berühmten Kollegen tummeln.

Jacob Jordaens wurde 1593 in Antwerpen geboren und entwikkelte sich neben Peter Paul Rubens und Anthonis van Dyck zum bedeutendsten flämischen Maler des 17. Jahrhunderts.

Mangelnde Vornehmheit machte Jacob Jordaens Stil ungeeignet zur Darstellung barocker Dekors und so widmete er sich profanen Szenen, häuslichen Darstellungen: flämische Bürger beim Tafeln und Feiern.

Im Antwerpen jener Zeit wurde viel und gern gefeiert, etwa wenn neue Mitglieder in Genossenschaften aufgenommen oder in den Magistrat bestellt wurden, gehörte das gewissermaßen zu den alltäglichen Ritualen des Bürgertums.

Zwei Themen wurde Jordaens nie müde zu variieren: „Der König trinkt" und „Wie die Alten sungen, so zwitschern die Jungen" (nach einem dem Vogelleben abgeguckten flämischen Sprichwort). Bei beiden Motiven handelt es sich um häusliche Bilder, auf denen Ältere und Jüngere miteinander musizieren, essen und trinken. Unzählige dieser Gemälde müssen um 1640/50 die Wände flämischer Stuben geschmückt und also feucht-fröhliche Heiterkeit verbreitet haben. Als Bürgerlicher kannte Jacob Jordaens die Freude seiner Bekannten und Verwandten am Genuß, hatte oft genug mit am Tisch gesessen und wußte, wie seine Mitbürger lachen und scherzen konnten, wie sie jede Gelegenheit zum ausschweifenden Gelage nutzten, bis der Trunk alle erhitzt hatte.

Ohne Jordaens wäre der heutige Betrachter um die Vorstellung ärmer, wie unbekümmert damals, zu Beginn des 17. Jahrhunderts, die Antwerpener Bürger lebten. Alt und jung zusammen, in kalten Stuben mit einem offenen Herdfeuer. In diesen flämischen Behausungen, die immer auch von Katzen, Hunden, Vögeln und bisweilen sogar Nutztieren (Hühnern; eine zum Fenster hereinschauende Kuh) bewohnt wurden, standen die ersten ‚Strandkörbe'. Geflochtene Weidensessel (wie auf dem Bild „Wie die Alten sungen, so zwitschern die Jungen"), in denen, zumindest auf Jordaens' Gemälden, meist eine alte Frau sitzt. Keine Frage: In den Wohnungen war es, wohl um genügend Zug für die Kamine der Feuerstellen zu haben, luftig und frisch, vor allem im Winter, und rheumakranke, empfindliche, ältere Damen werden den Schutz gegen Zugluft hoch geschätzt haben.

So wurden von den flämischen Korbmachern im 17. Jahrhundert geschlossene Weidensessel geflochten, die sich durch nichts von den Strandkörben unterschieden, die gut 200 Jahre später zuerst an den Küsten der Nord- und dann der Ostsee populär wurden.

Flämische Vorläufer der Strandkörbe um 1640

Daß die Rohrstühle in den Niederlanden des 17. Jahrhunderts auch schon am Strand standen, ist kaum anzunehmen. Das Baden und Promenieren am Meer war schließlich als massenhaftes Freizeitvergnügen noch nicht erfunden. Dennoch liegt die Vermutung nahe, daß der Siegeszug des Strandkorbes im niederländischen Barock begann. Es ist zumindest denkbar, daß, als dann um 1810/20 die ersten holländischen Seebäder entstanden, die Weidensessel an windigen Tagen einfach aus den Wohnungen und Häusern heraus an den Strand gestellt wurden. Daß Korbmacher bald anfingen, Sitzgelegenheiten für eben auch den Aufenthalt am Meer zu flechten. Und es ist vorstellbar, daß die Niederländer, eine alte Seefahrer- und Handelsnation, die praktischen Strandsessel zumindest ein Stück südlich und nördlich über die eigene Küste hinaus verbreiteten. Über Belgien und Ostende hinunter nach Frankreich, an die Strände der

„Wie die Alten sungen, so zwitschern die Jungen", Jacob Jordaens, datiert 1638 (Antwerpen, Koninklijk Museum).

Normandie, und bis nach Deutschland hinauf, von Norderney bis Sylt. Dafürspricht einiges: Zu den ersten französischen Seebädern am Ärmelkanal, Boulogne-sur-Mer und Dieppe, gab es durch die napoleonische (Napoleon I.) Besetzung der Niederlande zu Beginn des 19. Jahrhunderts enge Verbindungen. Tatsächlich findet sich auf Stichen mit den damals neuesten Kollektionen von Pariser Couturiers um 1870 hin und wieder auch ein Strandkorb als schmückendes Accessoire. Die ersten ‚models' wurden, wie bis heute in der Modefotografie üblich, schon damals gerne stimmungsvoll ans Meer gestellt. In den französischen Seebädern eiferte man dem Luxus des nahen Pariser Lebens nach, hielt soviel auf die Mode wie in der Hauptstadt. Und sei es im Strandkorb.

Pförtner-Sessel und andere überdeckte Stühle

Ähnlich wie der Flame Jacob Jordaens machten auch deutsche Maler überdeckte Stühle zum Gegenstand ihrer Bilder. Zugluftschützende Weidenrohrsessel für den Hausgebrauch waren in Deutschland bekannt, bevor sie als Wetterschutz für einen verwandten Zweck an die See gestellt wurden. Das beweist ein Motiv des in Haina/Hessen gebürtigen Johann Heinrich Wilhelm Tischbein (1751–1829), der vor allem durch das in Neapel entstandene Porträt Goethes in der Campagna bekannt wurde.

Vor und nach 1800 hatte er insgesamt vier Variationen des Bildes „Großvater im Korbstuhl" geschaffen, eine Federzeichnung, zwei Aquarelle und ein Ölbild, Kunstwerke, die sich in den entsprechenden Museen in Oldenburg, Hamburg und Flensburg befinden.

Das Motiv taucht im Umfeld der Arbeiten von Tischbein zu seinem autobiographischen Roman „Eselsgeschichte" auf, der erst 1987 publiziert wurde. An einer Stelle berichtet eine Gärtnersfrau dem Erzähler von ihrem Großvater:

„Als er nun alt wurde, das Blut langsam in seinen Adern schlich und seine Knie sich nicht willig mehr bogen, saß er im Winter beim warmen Ofen, in dem von Weiden geflochtenen Korbstuhl und schlummerte friedlich, gleich dem schuldlosen Kinde; oder er schaute mit Vergnügen auf die rüstigen Söhne im Hause und auf die Ordnung, die er selbst gelehrt hatte.

Blühende Kindeskinder umgaben ihn, kletterten an seinem Stuhl hinauf, erwärmten sein kaltes Gesicht, küßten ihm das weiße Haupt und die heilige Stirn, und standen wie Rosen um eine Lilie. Die Katze wärmte seine Füße und der treue Hund bewachte den Schwachen. Eine schöne Enkeltochter reichte ihm die Speisen. Freude belebte dann den kraftlosen Greis. Seine Gelenke hatten die Biegsamkeit verloren, aber sein Geist war noch stark, und sein Gemüt empfand es, wie dem Liebenswerten alles Liebe zeigt."

Gut möglich, daß Tischbein Jordaens' Bild „Wie die Alten sungen, so zwitschern die Jungen" während einer Reise nach Holland, die er 1772/73 unternommen hatte, sah und studierte. Einiges spricht dafür: Der Weidenstuhl steht jeweils am rechten Bildrand in ähnlicher Perspektive, auf einem Tisch mit weißem Tuch sind Speisen ser-

„Großvater im Kreis seiner Familie", J. H. W. Tischbein, Ölgemälde, datiert 1811, Städtisches Museum Flensburg.

viert, und in beiden Bildern treffen drei Generationen aufeinander, in häuslicher, ungezwungener Atmosphäre, komplettiert durch die Haustiere. Interessant der von Tischbein gemalte Korbsessel, dessen Untergestell aus Holz ist, nur der schützende Aufbau wurde ausgeflochten und innen mit Stoff bezogen.

Korbmöbel dieser Art sind aber auch schon in alten Zunftordnungen erwähnt: Für die Korbmacher-Meisterprüfung wurde etwa 1595 in Hamburg ein „auerdeckeden Stol" (überdeckter Stuhl) verlangt, ein den flämischen ‚Strandkörben' verwandtes, ebenfalls vor Zugluft schützendes Musterstück, das, soweit bekannt, jedoch nicht zur Serienreife gelangte.

In der Kölner Amtsordnung von 1773 ist von einer „überdeckten Wieg" die Sprache, ebenso in der von Lübeck von 1611 und in der von Bremen aus dem Jahr 1648. Dort werden von den Flechtern u.a. folgende geschlossene Stücke verlangt: „1. Einen überdeckten Stuhl, 2. Eine überdeckte Wiege, 3. Einen vierkantigen Kinderkorb".

Geflochtene Stühle kamen im 18. Jahrhundert auch in den kalten, zugigen Schlössern Englands, Schottlands und Irlands zum Einsatz, wie es in einem Artikel des Fachblattes „Das Flechtwerk" in der Februar-Ausgabe von 1956 berichtet wird:

„Im Schloß Larnbay in Irland wurde ein solcher Stuhl vom Pförtner benutzt, der Tag und Nacht in dem großen, zugigen und ungeheizten Flur des Schloßes sitzen mußte. Bestenfalls konnte er sich eine kleine Kieke unter die Füße stellen, einen tönernen oder metallenen Kasten, in dem eine Schale mit glühenden Kohlen stand. Solche geschützten Pförtner-Sessel wurden um 1780 in den vornehmen englischen Häusern modern. Sie hatten außer dem schützenden Aufbau zwei nach vorn ragende, geflochtene Seitenteile, so daß kein Luftzug an den Pförtner kommen konnte, der im offenen Hausflur in diesem Sessel saß. Da das Geflecht nicht so dicht war, um den Luftzug ganz abzuhalten, waren diese Pförtner-Sessel mit schwarzgefärbtem Leder überzogen. Im Jahre 1804 wird berichtet, daß man auf dem Flur in England manchesmal drei oder vier solcher Sessel für die Bedienten des Hauses finde."

Erste Strandkörbe in Deutschland

Von den Niederlanden aus war der Seeweg über Bremer- und Cuxhaven bis Hamburg und auch darüber hinaus (Helgoland, Sylt etc.) oft befahren, fand ein reger Waren- und Kulturaustausch statt; die etwa auf vielen friesischen Inseln anzutreffenden Vogelkojen sind niederländischen Ursprungs. Norderney, das erste deutsche Nordseebad (seit 1797), liegt direkt auf dem Weg von den holländischen zu den deutschen Häfen. Tatsächlich dürften auf dieser ostfriesischen Insel die ersten Strand-Stühle Deutschlands gestanden haben.

Doch wann und wo genau der Strandkorb nun wirklich erfunden wurde, wie er sich verbreitet hat, seit wann er nicht nur als Einzelstück, sondern als dutzendweise fabriziertes Freizeitmöbel existiert, das alles läßt sich nicht mehr präzise nachweisen.

Die Forschung über ein solches Detail des im 19. Jahrhundert beginnenden Badelebens muß aufgrund der dürftigen Quellenlage ungenau bleiben, lebt eher von Vermutungen als von einwandfreien Beweisen.

Vielleicht waren ja schon in der Antike geschlossene Weidenrohrsessel der Art, wie sie Jacob Jordaens um 1640 in Antwerpen gemalt hat, bekannt. Der Kaiserliche Wiener Hofprediger P. Abraham à Santa Clara weist in seinem Buch „Eine kurze Beschreibung allerley Stands-, Amts- und Gewerbspersonen" (Wien, 1829) darauf hin, die ‚Körbelmacherei' sei sogar „schon im Brauch gewesen bey den Egyptiern zu Pharaonis Zeiten".

Farbstich aus Deutscher Illustrierter Zeitung, 1894: „Bei den Strandhallen" in Westerland auf Sylt.

Das Handwerk der Korbmacherei ist ohne Zweifel eines der ältesten überhaupt, und es gibt sowohl für die griechische wie die römische Kultur Hinweise, daß damals wohl auch schon Korbmöbel gefertigt wurden.

Gesicherte Nachweise für den Strandkorb in Deutschland gibt es erst für die Zeit nach 1870, im Grunde genommen für die Periode nach den deutsch-französischen Kriegen und der darauffolgenden Gründung des Deutschen Reiches 1871. Tatsächlich schuf in dieser Zeit der erste Reichskanzler Otto von Bismarck mit seiner geschickten Friedenspolitik beste Voraussetzungen für das, was später einmal als Freizeit- und Fremdenverkehrsindustrie größte Bedeutung erlangen sollte. Der Strandkorb wurde in einer Zeit populär, als eine mitten in der industriellen Revolution steckende Gesellschaft mehr und mehr die Lust an einer aktiven Freizeitgestaltung entdeckte. So ist es kein Zufall, daß es nach 1871 in deutschen Seebädern in Mode kam, mit kleinen Segelbooten „Lustfahrten in See" zu veranstalten, Seehundjagden zu organisieren, große Bälle zu feiern, Strandgymnastik anzubieten (damals noch „Exerzier- und Freiübungen" genannt) und etwa Tennisplätze anzulegen: Schon um 1900 drosch man in fast allen Seebädern den kleinen Filzball über das Netz.

Eisenbahnbau und Massentourismus

Mit entscheidend für den Beginn des Massentourismus war der Höhepunkt des Eisenbahnbaus in Deutschland zwischen 1870 und 1910. Das Streckennetz verdreifachte sich in dieser Zeit. War zuerst die verkehrstechnische Erschließung großer Städte vordringlich, so gab es zum Ende des Jahrhunderts erste Linien an die Küste. Das Ostseebad Warnemünde oberhalb von Rostock wurde 1886 an die täglichen Verbindungen zwischen Hamburg und Berlin angeschlossen. Es war somit eine der ersten Urlaubs-Bahnen, die gebaut wurden. Ab 1891 pendelten Feriensonderzüge zwischen Berlin und der Ostsee.

In den achtziger Jahren des letzten Jahrhunderts vollendete man auch die Marschenbahn, sie brachte Sylt, die kommende ‚Königin der Nordsee', näher.

Bereits 1882 wurden zwischen Lübeck und Travemünde Schienen gelegt. Nun konnte man direkt von Hamburg aus mit den Bäderzügen bis an den Strand fahren. Dort sollte sich in den kommenden Jahren alles rasch entwickeln: Strandkörbe wurden angekauft und aufgestellt, Promenaden angelegt, Strandhallen mit Spiel- und Lesezimmern, Teeräume und Casinos etabliert. Kurz: An den deutschen Küsten, den eigentlich ärmsten Regionen des Landes, denn die Schwerindustrie stand woanders, wurde kräftig investiert.

Reiseberichte in der ‚Gartenlaube'

Vor allem das gehobene Bürgertum hatte nach der Gründung des Deutschen Reiches mehr und mehr die Möglichkeit, in Urlaub zu fahren. Gute, alte Kaiserzeit. Reiseberichte zu eindeutig touristischen Zwecken erschienen in Zeitungen und Illustrierten wie etwa der Gartenlaube, dem populären ‚Illustrierten Familienblatt'.

Dort stand 1881 in N° 39, der letzten Ausgabe des dritten Quartals, zwischen einem Artikel über „Das deutsche Reich und die öffentliche Gesundheitspflege" und einer Abhandlung über „Die Wandlungen des Jagdrechts" ein Reisebericht „Norderney: Eine Studie von der deutschen Nordseeküste", in dem plastisch Landschaft und Bewohner der ostfriesischen Insel geschildert wurden und natürlich auch die neuen touristischen Vergnügungen Erwähnung finden:

„Zur Zeit der Ebbe wird alsdann der Strand zur Promenade, bis zu 300 Schritt Breite sich erweiternd. Da regt sich munteres Leben, wenn das zurückweichende Gewoge einen glatten Streifen des bleichen, wasserharten Sandgrundes nach dem anderen bloßlegt. Da

Frühestes bekanntes Bild mit Körben am Meer: „Esel-Siesta am Strand von Scheveningen" von J. Weinberger, datiert 1878.

Reisebericht in der „Gartenlaube": Strand bei Ebbe auf „Norderney: Villa Knyphausen und Villa Fresena", datiert 1880.

promenirt Männlein und Fräulein in bunter Mannigfaltigkeit der Toilette oder sitzt in den wunderlich geflochtenen Strandkörben vor Wind und Sonne gedeckt; da tummelt sich fröhliches Kindervolk, zum Entsetzen der unglücklichen Seesterne, Krabben, Taschen- und anderer Krebse, welche leichtsinnig und unvorsichtig genug waren, nicht rechtzeitig ihr eigenes Ebben bewerkstelligt zu haben, und welche nun hilflos, ausgesetzte Kinder des Meeres, im Sande krabbeln."

Den Norderney-Artikel in der Gartenlaube ergänzen drei Stiche, darunter auch eine Darstellung des Strandes bei Ebbe mit der Bildunterschrift „Norderney: Villa Knyphausen und Villa Fresena".

Es handelt sich um eine Originalzeichnung von Franz Schreyer, die unten links mit der Jahreszahl 1880 datiert ist. Sie galt einige Zeit als die früheste bekannte Abbildung jener „wunderlich geflochtenen Strandkörbe". Aber wer sich die Mühe gemacht hätte, die zuvor erschienenen Ausgaben der Gartenlaube zu durchblättern, wäre schnell fündig geworden. Geradezu bizarr wird es da in der Ausgabe N° 35 des Jahrgangs 1881, wo auf Seite 581 mitten in einem Fortsetzungsartikel von Wilhelm Goldbaum „Nihilismus und russische

Dichtung" über den Schriftsteller Iwan Turgenjew ein Stich den Text jäh unterbricht. Ein Bild, das in keiner Weise zum ihn umgebenden Bericht paßt: „Esel-Siesta am Strande von Scheveningen" lautet die Bildunterschrift.

Zu sehen ist vor dem Hintergrund eines mit dem Bug in das Bild ragenden Bootes ein Junge, der, den Kopf an einen Ballen Heu gelehnt, sorglos schläft, neben ihn gekuschelt sein Hund, drum herum drei stehende und ein liegender Esel. Im Hintergrund der Strand und eine kleine Ansammlung von Strandkörben. Drei Badekarren sind ins Wasser gefahren. „Nach der Natur gezeichnet von J. Weinberger", datiert ist der Stich rechts unten auf 1878.

Was dieses Bild nun in einem Artikel über „Nihilismus und russische Dichtung" zu suchen hat, bleibt rätselhaft. Vermutlich wurde es beim Druck vertauscht oder man mußte kurzfristig eine Seite füllen. Möglich auch, daß sich der 1818 geborene Iwan Turgenjew einmal am Strand von Scheveningen aufhielt, denn nach 1855 lebte er bis zu seinem Tod 1883 fast ausschließlich im Ausland, vor allem in Frankreich und Deutschland. Aber der Text gibt keine Hinweise darauf. Tatsache bleibt allein und immerhin, daß bereits 1878 Strandkörbe im holländischen Scheveningen am Wasser standen. Ältere Abbildungen vom Strandleben mit belegbarer Datumsangabe sind bisher nicht bekannt.

Datierung ungewiß: Ebe Paul Nickelsen fotografierte im Sylter Herrenbad um 1880 u. a. auch den verwaisten Strandkorb mit Stuhl.

Als Hollands Seebad Scheveningen noch ein Hort der Strandkörbe war – am Hauptstrand um die Jahrhundertwende.

Erwähnenswert ist allenfalls noch ein Foto aus Westerland (seit 1855 Seebad), das der Sylter Fotograf des letzten Jahrhunderts, Ebe Paul Nickelsen, wohl um 1880 im dortigen Herrenbad aufgenommen hat und das links ein strandkorbähnliches Gebilde zeigt, vor dem ein Stuhl steht.

Das Foto liegt heute im Sylter Archiv und ist auf der Rückseite mit der Jahreszahl 1877 datiert. Doch da es sich bei der Datumsangabe nicht um eine Einritzung in die orginale Fotoglasplatte handelt, sondern nur um die Beschriftung eines Abzuges mit Bleistift, sind Zweifel berechtigt.

Lohnender sind andere Quellen: So empfiehlt der Berliner Badearzt B. Fromm in einem 1878 erschienenen Ratgeber für Kurgäste die Benutzung von Strandkörben, wie sie auf Norderney und in Scheveningen stehen.

Drei Jahre älter ist ein Hinweis aus dem Niederländischen Staatsarchiv: Die Rede ist von 36 ein- und 36 zweisitzigen Strandkörben, die man aus Norderney geliefert bekam. Präzise wird ausgeführt, welche Handwerker nun über die Kasse des Königlichen Seebades Norderney entlohnt werden sollen.

Ein weiterer Hinweis auf die Existenz von Strandkörben findet sich in dem Buch „Paradiese der Badelust" von Horst Prignitz (Rostock, 1993). Dort erwähnt der Autor ein Protokoll der Königlichen Finanz-Direktion zu Hannover vom 25. September 1873, das von der finanziellen Situation des Seebades Norderney berichtet: „Zur Unterhaltung des Strand- u. Bade-Inventars (Badekutschen, Strandkörbe, Laufdielen, Treppen, Decken, Teppiche etc.) werden etwa 800 Reichstaler erforderlich sein."

Der ‚hannövrische Adel', legendär und gefürchtet zugleich aufgrund seines vornehmen Stolzes, hatte damals, durch Verwaltungs- und Militärstand, großen Einfluß auf der Insel (1815 bis 1866), was, wie es Heinrich Heine einmal ausdrückte, „manches freie Friesenherz betrübt".

Die bisher früheste Erwähnung des Strandkorbes findet sich in dem Buch, das 1871 in Kiel erschien, „Zeichnungen für Korbmacher und Korbmöbelfabrikanten" von Ernst Freese.

Deutlich ein ‚Strandstuhl': Originalabbildung aus Ernst Freeses „Zeichnungen für Korbmacher", Kiel 1871.

Als Beispiel Nr. 1906 ist dort ausdrücklich ein „Strandstuhl mit Überdachung aus Weiden und Peddigrohr, mit Ölfarbe lackiert" präsentiert und weiter wird angegeben: „Das Dach ist mit starker Leinwand überzogen und mit Öl getränkt, damit es gegen Wind und Regen genügenden Schutz bietet. Die senkrechte Höhe des Daches ist 180, Breite 65 und Tiefe oberhalb der Rückenlehne 62."

Es ist anzunehmen, daß dieser Strandstuhl mit der Veröffentlichung in Ernst Freeses Buch langsam populär wurde.

Die ersten Seebäder

Fremdenverkehr und Kuraufenthalte spielten von der Gründung des ersten deutschen Seebades in Heiligendamm 1793 an (erste Badesaison 1794) über Jahrzehnte nur eine untergeordnete Rolle.

Es kamen schlicht zu wenig Gäste an die See, da lohnte sich die kostspielige Unterhaltung eines „Strand- und Bade-Inventars" kaum. Um 1830 zählte man etwa 3000 Badegäste an der gesamten deutschen Ostseeküste. Etwas weniger an der Nordsee.

In den immerhin 40 Jahren bis 1870 konnte die Zahl der Besucher jeweils lediglich verdoppelt werden.

Daß die Entwicklung des Seebadewesens in den Niederlanden zwar später begann, Scheveningen wurde erst 1818 zum Seebad, dann aber rasanter verlief, liegt an der dichteren Besiedlung des Landes und an der Küstenlage großer Städte.

Erstes Seebad Deutschlands: Heiligendamm 1995 mit Strandkörben aus DDR-Fabrikation vor klassizistischer Villenpracht.

Scheveningen ist ein Stadtteil Den Haags (1830 bereits über 50000 Einwohner). In ihrer Freizeit kamen viele Leute also für Tagesausflüge an den Strand, Bürger wie Arbeiter. Es erscheint logisch, daß hier ein gutes Geschäft zu machen war, daß viele Besucher einen Strandkorb mieteten, wie sie ihn ja vielleicht in ähnlicher Form als geflochtenen Windschutz bereits von den Bildern des flämischen Malers Jacob Jordaens kannten. Vermutlich kam man auch schnell auf die Idee, die beliebten Sessel am Meer zu exportieren.

Die deutschen Seebäder besaßen fast alle den Nachteil, schlecht erreichbar zu sein. Eine Fahrt von Hamburg nach Wyk auf Föhr etwa (seit 1819 Seebad) dauerte um 1860 rund zwei Tage. Außerdem war das Reisen damals teuer. Ein Postkutscher ließ sich durchaus fürstlich entlohnen. In Badeurlaub fuhren also neben der herrschenden Klasse (Könige und Großherzöge) die wohlsituierten Bürger: Kaufleute, Professoren, Advokaten, Beamte und vor allem auch ranghohe Militärs.

Für diese frühen Gäste zimmerte man ab etwa 1820 am Strand

Spießrutenlaufen nach Dampferankunft (hier „Fürst Blücher"): Groß war das Interesse an den neuen, oft seekranken Badegästen.

Table d'hôte am Strand mit Speis' & Trank: Die geräumigen ‚Luftschnapper' waren die Vorläufer der Strandkörbe.

einfache Badehütten und Umkleidekabinen, stellte Zelte auf oder errichtete jene ‚Luftschnapper' genannten Häuschen aus Rohr, Stroh und Lehm. Hier konnte man am Wasser sitzen, tafeln und sich gegenseitig besuchen, Konversation treiben und die gesunde Meeresluft in die Lungen strömen lassen.

Badehütten wurden auch in Orten aufgestellt, die noch gar nicht den Status eines Seebades hatten, so etwa um 1840 in Wustrow auf dem Fischland, jener archaischen Halbinselkette an der Ostsee. Zwischenzeitlich schlief der Badebetrieb hier nochmal ein, wie überhaupt neben dem offiziellen Seebadewesen parallel auch immer da und dort ‚wild' gebadet wurde, also ohne entsprechendes Strand- und Bade-Inventar.

Der Strandkorb sollte, ausgehend vom Ostseebad Warnemünde, erst einige Jahre später das Strandleben wirklich revolutionieren.

Wilhelm Bartelmann und die Strandkorbrevolution

Christine Francisca Elisabeth (kurz: Elise) Peters wurde 1848 als Tochter eines Blutegelhändlers in Boizenburg an der Elbe geboren. Vom Vater wohl erlernte das Mädchen schnell eine faszinierende Geschäftstüchtigkeit. Denn der Herr Papa, Franz Johann Peters, reiste Mitte des vorigen Jahrhunderts mit dem Vierspänner-Fuhrwerk gar abenteuerlich bis zum Ural und bis Odessa am Schwarzen Meer (eine Fahrt über vermutlich 200 Tage und von rund 4000 Kilometern hin und zurück), kaufte unterwegs billig Blutegel auf, transportierte sie in Fässern gen Heimat und bot sie zu medizinischen Zwecken und sehr gewinnbringend in Horn bei Hamburg auf der Blutegel-Börse im „Alten Schinkenkrug" an, verkaufte sie bis nach Amerika.

Elise Peters muß dieses kaufmännische Geschick ihres Vaters geerbt haben, und so war es vermutlich ihrem Drängen zu verdanken, daß der 7. Oktober 1870 für den in Bergedorf bei Hamburg geborenen Korbmachersohn Ludolph Wilhelm Eduard Bartelmann ein ganz außergewöhnlicher Tag wurde: Nicht nur feierte er an diesem Datum seinen 25. Geburtstag – er heiratete gleichzeitig Elise Peters und gründete dazu noch einen Handwerksbetrieb. Am Tag danach, also am 8. Oktober 1870, eröffnete Wilhelm Bartelmann dann seine Korbmacher-Werkstatt in Rostock bei der Marienkirche N° 10 in der Stadtmitte. Das Alter von 25 Jahren war nach damaligem Recht der frühestmögliche Zeitpunkt, um einen eigenen Handwerksbetrieb zu führen. Nun war es aber nicht so, daß Wilhelm Bartelmann übertriebener beruflicher Ehrgeiz oder außergewöhnliche Zielstrebigkeit nachgesagt werden konnte, vielmehr war er ein sympathischer Tüftler, dabei äußerst begabter Handwerker. Nur nicht allzu strebsam. Lieber bastelte er für seine Kinder nützliches Spielzeug wie etwa eine ‚Pfützen-Brücke'. Seine Frau Elise trieb ihn schließlich zu Erfolg und beruflichem Eifer an. Wilhelm Bartelmann, der in den ersten Jahren seiner Selbstständigkeit wohl hauptsächlich Körbe, Tragegestelle, Stühle und Truhen flocht, pflegte ein rechtes Durcheinander in geschäftlichen Dingen. Elise Bartelmann verlangte, als einmal nur ein einzelner Korb und ein einsamer Stuhl im Verkaufsraum standen, eine kundenfreundlichere Präsentation der Waren von ihrem Gatten: „Nee, Wilhelm, den Laden voll!"

Puppenstrandkörbe von Meister Bartelmann: seine Frau Elise, erste Vermieterin in Warnemünde, mit Kindern an der Ostsee.

Seit der Geschäftseröffnung waren gut 11 Jahre vergangen, als eines Tages, im Frühling 1882, eine vornehme, ältere Dame die inzwischen in die Lange Straße 73 umgesiedelte Korbmacherei betrat und von Wilhelm Bartelmann, derweilen Hof-Korbmachermeister des Großherzöglichen Hofes zu Rostock, eine Sitzgelegenheit für den Strand „als Schutz gegen Sonne und Wind" verlangte. Ihr Arzt habe ihr wegen ihres Rheumaleidens zwar vom Aufenthalt am Meer ganz und gar abgeraten, aber sie wolle auf diese Wohltat für Leib und Seele trotzdem nicht verzichten und brauche also einen gegen die Unbill des Klimas schützenden Stuhl.

Ob die Dame Strandkörbe bereits zuvor auf Norderney oder in den Niederlanden gesehen hatte, – ob sie sich bei ihrem Wunsch von den Bildern eines Jacob Jordaens oder Johann Heinrich Wilhelm Tischbein anregen ließ, ist nicht überliefert. Auch ihre Herkunft ist ungewiß, vermutlich entstammte sie dem mecklenburgischen Landadel. Ihr Name variiert, mal wird sie in der Literatur als Friederike Maltzahn tituliert, dann wieder als Fräulein von Oertzen. Wie auch immer, Wilhelm Bartelmann fertigte für die unbekannte Dame einen Strandkorb aus Weiden und Rohr, anfangs noch ‚Strand-Stuhl' (und eben nicht ‚Strandkorb') genannt, den ersten – soweit bekannt – an der Ostsee. Vermutlich aber hatte der Rostocker Handwerker das 1871 erschienene Buch „Zeichnungen für Korbmacher und Korbmöbelfabrikanten" von Ernst Freese im Regal stehen und ließ sich von der dort abgedruckten Zeichnung inspirieren. Bartelmanns ‚Ein-Sitzer', der an einen aufrecht stehenden, innen mit festem Markisenstoff bezogenen Wäschekorb erinnerte, erregte bald am nahen Strand von Warnemünde größte Aufmerksamkeit. Die Badekultur wurde nun regelrecht revolutioniert. Mehr Strandkörbe mußten her. Auch andere Badegäste wollten ihren Stuhl am Meer. Wilhelm Bartelmann flocht und flocht und flocht die nächsten Wochen und Monate, ließ sich von einem Tischler Rahmengestelle zimmern, die dem Korb mehr Festigkeit gaben. Und seine Frau war bereits ein Jahr später, 1883 also, als Geschäftsführerin der ersten Strandkorbvermietung an der Ostsee tätig, in Warnemünde.

Badegästen
empfiehlt Strandstühle als Schutz gegen Sonne und Wind und giebt solche auch in Miethe
W. Bartelmann, Hof-Korbmacher,
Langestr. 73, vis-à-vis der Breitenstraße.

Anzeige von Wilhelm Bartelmann im „Rostocker Allgemein Anzeiger" vom 14. Juni 1883.

Wilhelm Bartelmann um die Jahrhundertwende.

Ausgehend von Wilhelm Bartelmanns Rostocker Korbmacherei wurde innerhalb der nächsten Jahre und Jahrzehnte die ganze Ostsee mit Strandkörben versorgt, wurde die industrielle Fertigung eingeleitet und entstanden die bedeutendsten Strandkorbfabriken Deutschlands. Sie standen an der Ost- und nicht an der Nordsee.

Wilhelm Bartelmann selbst lehnte es ab, als Fabrikant bezeichnet zu werden. Er verstand sich als Handwerker, versah seine Körbe mehr und mehr mit angenehmen Details wie Markisen, Fußstützen und -brettern, Armlehnen, Seitentischchen und flocht schon bald auch Körbe, in denen zwei Personen nebeneinander sitzen konnten.

Doch das große Geschäft sollten andere machen, die bei ihm in die Lehre gegangen waren. Franz Schaft etwa, der eine Strandkorbfabrik in Kröpelin mit aufbaute, oder vor allem Johann Falck, der dann, in den zwanziger Jahren, die größte Fabrik in Deutschland besaß.

Die industrielle Reife: Johann Falck

Der 1870 geborene Johann Falck ging bei Wilhelm Bartelmann in die Lehre. Wie sein Meister machte auch er sich mit 25 Jahren selbständig, gründete 1895 in Rostock seine eigene Werkstatt, in der Wismarschen Straße Nr. 3. Vom Polizei-Amt erhielt er am 22. Oktober die erforderliche Niederlassungs-Melde-Bescheinigung Nr. 677.

Bereits zwei Jahre später erfand Falck den sogenannten ‚Halblieger', einen Korb für zwei Personen, bei dem sich die eine Hälfte der Rückwand um 45° nach hinten klappen ließ.

Man konnte so entspannter ruhen, wobei das wilhelminische Badepublikum um die Jahrhundertwende die Sonne noch mied wie der Teufel das Weihwasser. Wichtiger als das Bade- und Sonnenvergnügen war die Teilnahme am gesellschaftlichen Leben, mithin die Einhaltung entsprechender Regeln. So gab es in Kurzeitungen Artikel über den passenden militärischen Urlaubs-Gruß am Strand: Die Mütze durfte nämlich beim Salutieren wegen des Windes aufbehalten werden.

Größter Strandkorbhersteller in den zwanziger Jahren: Johann Falck, ehedem Lehrling bei Wilhelm Bartelmann.

Langsam in die Horizontale: Bei Johann Falcks Halblieger (um1898) ließ sich anfangs nur ein Teil der Rückwand zurückklappen.

Eine gesunde Bräune galt als unschicklich und ordinär, braun war die Farbe des Proletariats. So nutzte man die Strandkörbe nicht als Sommerbratpfannen, sondern als schattenspendende Oasen. Hier konnte man, entsprechend den damaligen Sitten, zugeknöpft und in voller Montur sitzen und den Kindern zuschauen, wie sie im Sand spielten. Die Damen trugen Schnürstiefeletten, lange Röcke, meist vornehme, helle Blusen und nicht selten ausladende Hüte, damit die

Bleich & blaß is beautiful: in voller Montur am Strand von Scheveningen (um 1905).

Haare nicht vom Wind zersaust würden und auch beim Promenieren kein Strahl Sonne ins Gesicht fiele. Alternative zum Hut war ein zusammenklappbarer Schirm. Die Herren waren, sofern keine Militärs, in Anzüge samt Westen gewandet, bisweilen sogar in einen Frack, ein weißes Hemd mit Fliege gehörte dazu und meist die weiße Strandmütze. Die Kinder tollten keineswegs nackt in der Brandung, sie trugen den damals unvermeidlichen Matrosenanzug, durften sich beim Spiel allenfalls der Schuhe entledigen.

Wer baden wollte, tat dies nicht an den Stellen, an denen die Strandkörbe zum Verweilen einluden, sondern in den eigens für Damen und Herren eingerichteten Badeanstalten. Später wurden auch Familienbäder zugelassen.

Wie puritanisch und sittenstreng es noch um 1885 zuging, entnimmt man etwa dem Sitzungsprotokoll der Insel-Gemeinde Amrum vom 3. September. Ein Hannoveraner Geschäftsmann hatte angefragt, ob es nicht endlich an der Zeit sei, vor Ort ein Seebad einzurichten. Die Antwort war eindeutig: „Namentlich in moralischer Hinsicht würden Nachteile, welche ein Bad auf die Bevölkerung ausüben würde, gegen etwaige Vorteile noch weit schwerer ins Gewicht fallen. Die sittlichen Verhältnisse sind hier so befriedigend, daß bei einer hier wohnenden Seelenzahl von 600 bis 700 Einwohnern nach Ausweis der Statistik in den letzten 50 Jahren nur alle zehn Jahre ein uneheliches Kind geboren wird.

Ferner ist es nicht Sitte, daß hiesige Einwohner ins Wirtshaus gehen.

Alles dies würde sich zum Bedauern mancher Familien ändern, wie Beispiele des benachbarten Wyk und Westerland zur Genüge beweisen. Es würden überhaupt die guten Sitten und die einfache Lebensweise durch neue Moden und die steigenden Lebensbedürfnisse zurückgedrängt werden."

Fünf Jahre sollte es noch dauern, bis dann im Frühjahr 1890 in Wittdün auf Amrum doch das erste Seebad der kleinen Insel-Gemeinde gegründet und die Badekonzession dafür erteilt wurde.

Aber sich im Strandkorb umzuziehen und zu sonnen, auch vom Strandkorb aus ins Wasser zu gehen, das war fast überall erst ab den zwanziger Jahren erlaubt.

Zu jener Zeit hatte Johann Falck seine Produktion in Rostock, inzwischen war er in den Patriotischen Weg 100 umgezogen, bereits zur größten Strandkorbfabrik Deutschlands aufgebaut.

Er beschäftigte nun bis zu 120 Mitarbeiter, verkaufte seine Körbe nicht nur an die deutsche Ost- und Nordseeküste, sondern exportierte Strandmöbel nach Holland, Dänemark und als Einzelbestellungen bis nach Spanien, Frankreich, England und in die USA (Florida).

Anzeige aus dem „Heimats-Kalender" für den Kreis Rügen 1908.

Bild Seite 46/47: Von der Manufaktur zur Fabrik: Johann Falck mit Belegschaft in Rostock im Juli 1912.

Reigen der Patente

Um die Jahrhundertwende begann der Fremdenverkehr endgültig zu boomen. Das Seebad Binz auf Rügen etwa zählte 1901 immerhin schon 9885 Badegäste pro Jahr. Fünf Jahre später waren es dann schon 17721 Touristen. Auf der gesamten Insel tummelten sich während dieses Sommers 1906 immerhin 64422 Gäste. Und fast alle wollten sie natürlich in einem Strandkorb sitzen. Viele der Hotels priesen in Anzeigen nicht nur „gut brennendes elektrisches Licht in allen Fremdenzimmern", „geräumige saubere Pferdeställe" und „Hausdiener am Dampfer" , sondern auch „eigene Körbe am Strande". In Heimatkalendern und Regionalzeitungen inserierten kleine bis mittlere Korbmachereien und versprachen „ganz besondere Neuheiten" an ihren „anerkannt besten" Strandkörben.

So existierten um 1905 nicht nur die großen Strandkorbfabriken von Wilhelm Bartelmann und Johann Falck in Rostock, sondern überall entlang der Ostseeküste unzählige Manufakturen und Werkstätten. Tausende von Körben standen am Meer, immer neue wurden geordert. Das Geschäft mit der Vermietung nahm rapide zu, die Gemeinden verdienten bald mit, indem sie Standgebühren erhoben.

Eine Art Goldgräberstimmung verbreitete sich unter Korbmachern, eigenwilligen Tüftlern wie ehrgeizigen Erfindern, und diese Begeisterung schlug sich in einem Krieg der Patente nieder. Jeder wollte sein Glück machen mit einzigartigen Erfindungen und überraschenden Konstruktionen.

Franz Schaft etwa, ehedem wie Johann Falck Geselle bei Wilhelm Bartelmann, erfand in Kröpelin als Leiter der 1907 gegründeten Lawrenzschen Strandkorbfabrik einen nach dem entsprechenden Stand der Sonne drehbaren Strandkorb, der auf einem Kugellager ruhte.

Erlaubt war alles, was neu war: Liegestühle mit integriertem Sonnendach, zusammenlegbare Strandzelte, mobile Reisestrandkörbe, Liegemöbel, strandstuhlartige Zeltgestelle, in Umziehkabinen wandelbare Strandkörbe, Strandmöbel aus Holz und Pappe (also ohne Geflecht), schwimmende Strandkörbe.

Aus heutiger Sicht erscheint dieser Reigen verrückter bis liebenswerter Schöpfungen kurios, da man weiß, daß sich keine dieser Erfindungen wirklich durchsetzen konnte. Die meisten erwiesen sich als Flausen. Der Strandkorb, wie wir ihn heute kennen (Zweisitzer mit Liegeeinrichtung), war im Prinzip bereits um 1910 ausgereift und veränderte sich seither nur unwesentlich: ein Dauerläufer des Designs, wenn man so will.

Der schwimmende Strandkorb

Den Strandkorb auch als Koffer zu nutzen, hatte 1905 Adolf Moritz aus Lübeck empfohlen. In seiner dem Kaiserlichen Patentamt am 17. September eingereichten und etwas umständlich formulierten Schrift heißt es: „Gegenstand der Erfindung ist ein Strandkorb, welcher durch Anbringung zweier Türen als Reisekorb benutzt werden kann, wobei diese Türen das Verschlußmittel bilden, während bei Verwendung des Strandkorbes als solchen die Türen als Schutz gegen Witterungseinflüsse dienen sollen.

Die Erfindung bezweckt nun, einen mit solchen Türen ausgerüsteten Strandkorb gleichzeitig auch als Reisekorb zu verwenden, indem man sein Inneres mit Reisegepäck ausfüllt und darauf die Türen mit Hilfe von Vorhängeschlössern oder dergl. verschließt.

Bei der Verwendung des Strandkorbes als solcher dienen die Türen zum Schutz des Benutzers gegen Witterungseinflüsse und können nach Belieben eingestellt werden.

Auch in der Badestube kann ein solcher Strandkorb entweder als Schrank oder zum Aufhängen von Badesachen zwecks Trocknens benutzt werden.

Die Türen können innen mit Taschen, zusammenklappbaren Regalen oder Stüzen zum Auflegen der Arme beim Lesen versehen, gepolstert oder sonst beliebig ausgestattet sein, die Art des Verschließens der Tür kann eine beliebige sein."

Als mechanisches Wunderwerk präsentierten Theodor Krech und Samuel Zwalina aus Meiningen am 13. Juni 1906 dem Kaiserlichen Patentamt einen zusammenlegbaren Strandkorb. Die Patentschrift offenbart sich als dem Laien unverständliches Konglomerat aus Zapfen, Gelenken, Hebeln, Scharnieren und einknickbaren Stangen:

„Mit der Rückwand 1 sind die beiden Seitenbretter 2, die obere Querlatte 28 und die beiden unteren Brettchen 29 fest verbunden. Durch zwei untere, in den Brettchen 29 gelagerte Zapfen 30 (Fig. 3, 7 und 8) und zwei obere, in der Querlatte 28 gelagerte Zapfen 31 (Fig. 3, 5 und 6) sind die Seitenwände 3 mit der Rückwand 1 gelenkig verbunden. Sie bestehen gleichfalls aus einem von Latten umgebenen Korbgeflecht und tragen durch Anschläge 32 den durch Zapfen 33 in den Seitenstücken 2 drehbar gelagerten Sitz 5.

Die beim Zusammenlegen des Korbes an die Rückwand zu hängende Fußbank 16 liegt auf den durch Scharniere 34 an den Seitenwänden 3 befestigten Hebeln 18, welche bei dem gewählten Beispiel noch durch einknickbare Stangen 35 mit den Seitenwänden verbunden sind und durch Fig. 2 in zusammengelegter Stellung dargestellt werden."

Es handelt sich nicht um die Schilderung der aufwendigen Mechanik von (vom Pilotensitz aus bedienbaren) Landeklappen eines Flugzeuges, es handelt sich um einen Strandkorb! Wohlgemerkt: zusammenlegbar.

Sehr viel alltagsnäher liest sich da die Patentschrift Nr. 197836 vom 30. April 1908, in der der Berliner Carl Baswitz sein ‚zusammenklappbares, strandstuhlartiges Zeltgestell' schildert:

„Je mehr der Landaufenthalt und die Badeorte verschiedenster Art in Aufnahme kommen, desto mehr wächst das Bedürnis nach fortschaffbaren, geschützten Sitzgelegenheiten. Die sogenannten Strandkörbe sind wegen ihres Umfangs zum Mitnehmen auf Reisen sowie zur eigenhändigen Fortschaffung nicht geeignet.

Die Aufgabe der Erfindung ist es deshalb, eine Einrichtung zu schaffen, mit welcher jeder gewöhnliche Stuhl, ohne daß Änderungen an ihm notwendig sind oder seine Brauchbarkeit beeinträchtigt wird, in einfachster Weise in einen strandkorbartigen Zeltstuhl umgewandelt werden kann. Zur Lösung dieser Aufgabe dient ein einfacher Rahmen, der zum Überhängen eines Zelttuches mit einem Bügel versehen ist und, vor einen Stuhl gewöhnlicher Art gestellt, mit

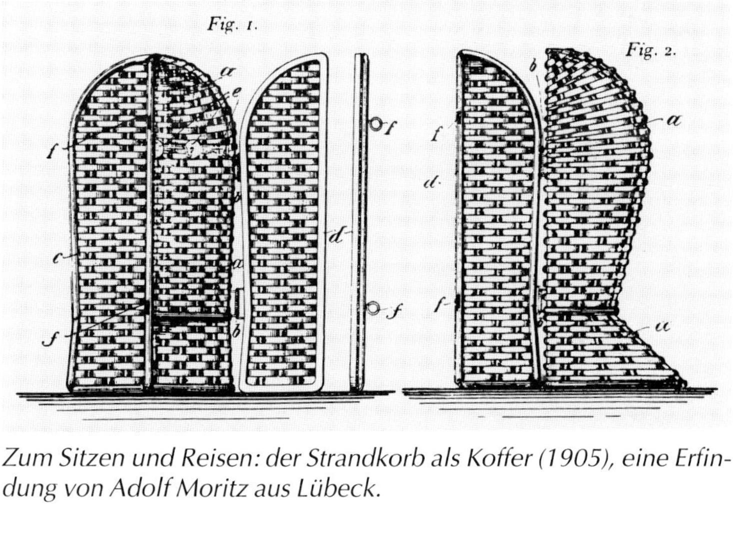

Zum Sitzen und Reisen: der Strandkorb als Koffer (1905), eine Erfindung von Adolf Moritz aus Lübeck.

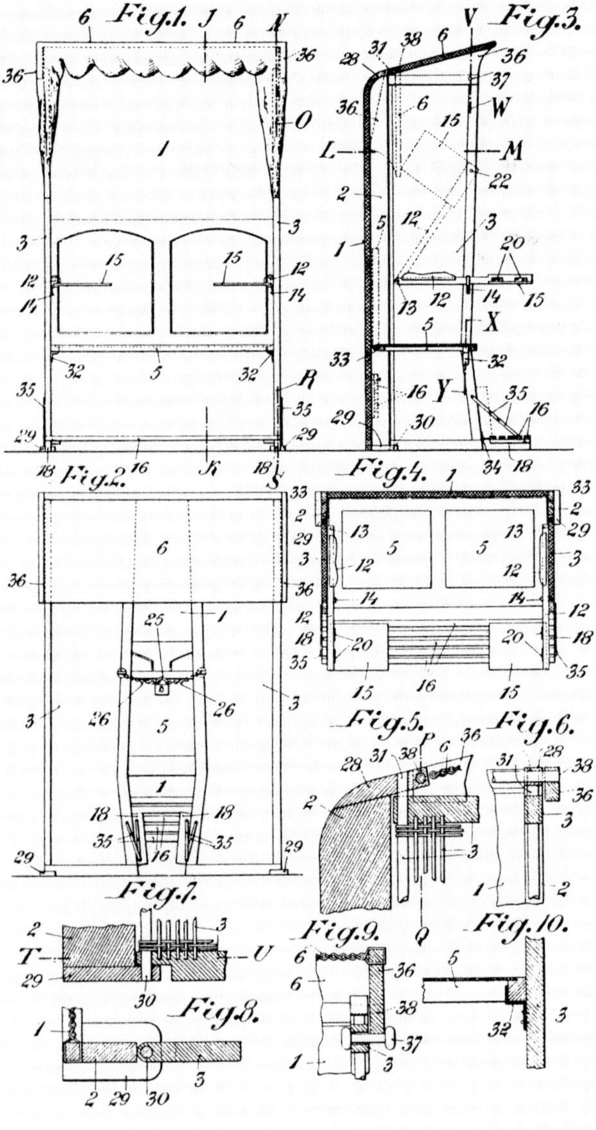

Zapfen, Gelenke, Hebel, Scharniere und einknickbare Stangen: ein mechanisches Wunderwerk von S. Zwalina und T. Krech.

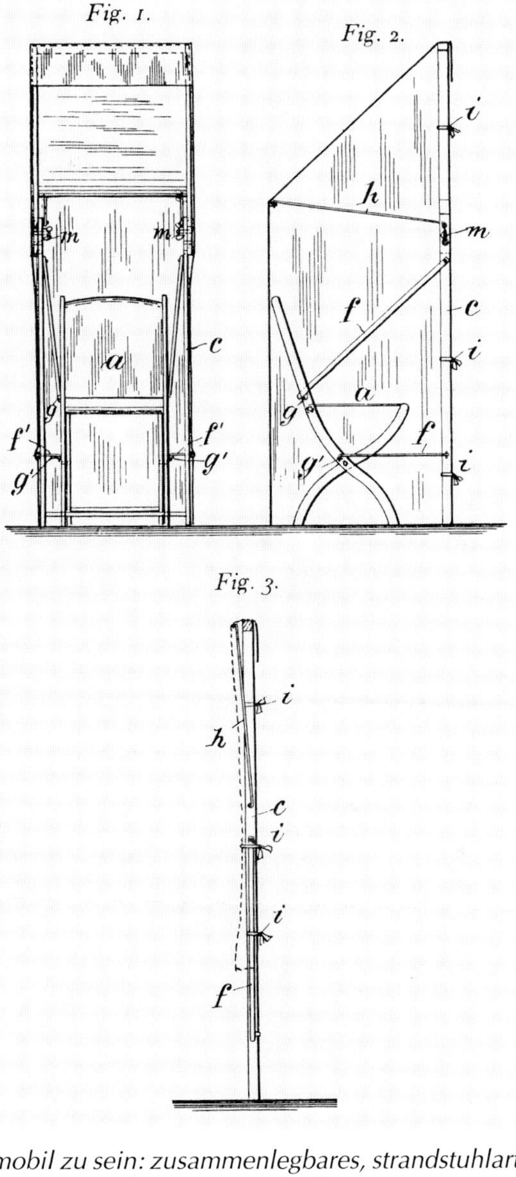

Die Lust, mobil zu sein: zusammenlegbares, strandstuhlartiges Zeltgestell (1908) von Carl Baswitz aus Berlin.

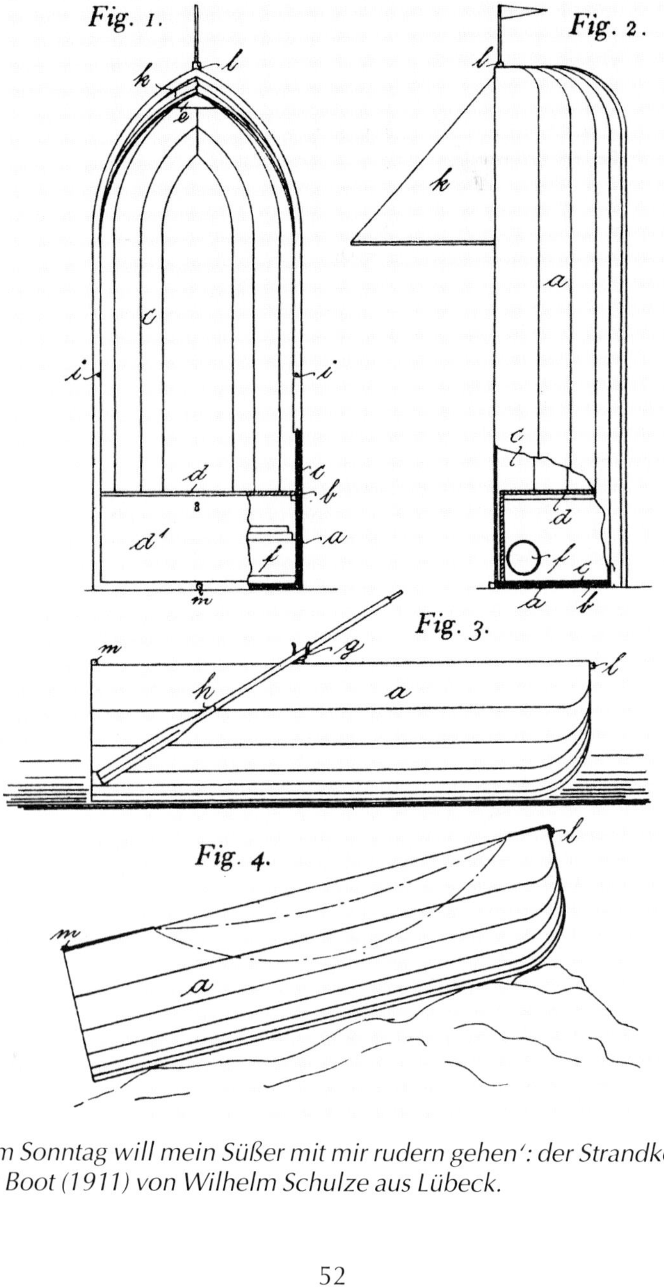

‚Am Sonntag will mein Süßer mit mir rudern gehen': der Strandkorb als Boot (1911) von Wilhelm Schulze aus Lübeck.

diesem durch Spreizen verbunden werden kann, die in einfachster Weise festgelegt, z.B. mit Haken in eingeschraubte Ösen an ihm eingehakt werden."

Die mutigste und absonderlichste Erfindung in Sachen Strandkorb ließ Wilhelm Schulze aus Lübeck am 14. Januar 1911 patentieren:

„Die Erfindung bezieht sich auf einen Strandkorb und besteht darin, daß er derart gebaut ist, daß er auch als Boot benutzt werden kann.

In aufrechter Stellung dient der Gegenstand wie üblich als Strandkorb. Will man den Korb als Boot benutzen, so genügt es, ihn einfach umzulegen und zu Wasser zu bringen, was mit leichter Mühe geschehen kann. Um die Tragfähigkeit des Bootes zu erhöhen, sind in der oberen Spitze sowie in dem Sitz Luftbehälter angeordnet. Dollen werden zur Aufnahme der Ruder in die in der Vorderkante des Korbes vorgesehenen Löcher gesteckt, worauf eine einzusetzende Ruderbank die Ausrüstung des Bootes vervollständigt. Bei dem Boot dient nun die Wand des Sitzes als Sitzfläche.

Bei feuchtem Sande o. dgl. kann der vorliegende Korb auch als Ruhegestell dienen, indem über die Ringe die Halteseile einer Hängematte gelegt werden, derart, daß die Hängematte frei im Innern des gewünschtenfalls etwas schräg gelagerten Korbes hängt."

Keines der hier beschriebenen Patente kam über den Status eines Prototyps hinaus. So fristeten sie ihr Dasein in den Archiven der Patentämter.

Sehr viel mehr Aufregung entstand im Endeffekt um Details, um die Weiterentwicklung von Einzelheiten, wie sie die großen Strandkorbfabrikanten vorantrieben.

Der 1904 im pommerschen Wolgast geborene Carl Martin Harder etwa, ehedem Geselle und Mitarbeiter von Johann Falck, gründete im Oktober 1925 eine Korbfabrikation neben seinem Elternhaus auf der Mahlshooper Schloßinsel im Peenestrom, wo außer Strandkörben sämtliche Korbmöbel, Landwirtschafts- und Industriekörbe hergestellt wurden. Doch als Anfang der dreißiger Jahre die Brücke von Wolgast auf die nahe Insel Usedom gebaut wurde, mußte die Familie weichen, wurde Carl Martin Harder für die Aufgabe seiner Produktionsanlagen entschädigt und ließ sich in Heringsdorf nieder, einem nahe Swinemünde gelegenen, idyllischen Seebad auf Usedom, gründete dort 1933 eine neue Strandkorbfabrikation, ein damals sehr innovatives Unternehmen, das heute als das traditionsreichste in Deutschland gilt.

Außenmaße: Höhe ca. 1,75 m
Breite ca. 1,25 m
Tiefe ca. 0,85 m

Nr. 6

Zeltkorb

für 2 Personen

Dieser Korb bietet genau wie Nr. 5 bequeme Sitzgelegenheit für zwei Personen. Er besteht aus einem stabilen Gestell, welches aus Holzleisten und Stangenrohr kräftig gebaut ist und mit imprägniertem, indanthren gefärbtem Markisenstoff bezogen ist.

Er ersetzt voll und ganz den Korb Nr. 5 und ist bedeutend billiger. Dieser Korb hat auch die bekannte zugfreie Wand.

Carl Martin Harder gründete 1933 im Seebad Heringsdorf eine Strandkorbfabrik, in der auch dieser „Zeltkorb" hergestellt wurde.

Die goldenen zwanziger Jahre

Der Strandkorb wurde jetzt endgültig zum Möbel mit Massencharakter. Er verbreitete sich bis ins Inland, stand plötzlich an Badeseen, Talsperren und Flußufern. Am Wannsee in Berlin stellte man Strandkörbe auf (bis heute übrigens), machte den bequemen Wind- und Wetterschutz endgültig zu einer festen Freizeiteinrichtung.

Inzwischen waren nicht mehr allein dem wohlhabenden Bürgertum Ferien und Strandleben vorbehalten. Den Arbeitern gelang es in Folge der Novemberrevolution von 1918 endlich, eigene Forderungen durchzusetzen und sich ein Recht auf einen tariflich geregelten Erholungsurlaub zu erkämpfen.

Der Strandkorb war gewissermaßen allgegenwärtig: Tauchte in Karikaturen auf und in Filmen, in Illustrierten und sogar auf einem Geldschein, – genauer: auf einem Notgeldschein, den die Gemeinde Wittdün auf der Insel Amrum 1920 in Ermangelung von offiziellem Hartgeld herausgab und der das damalige Abstimmungsergebnis der Amrumer über den Grenzverlauf zwischen Dänemark und Deutschland illustrierte.

Amrumer Notgeldschein von 1920.

Lust auf Baden oder: Wie angle ich mir einen Millionär?

17 schleswig-holsteinische Wimpel flattern da auf der alternativen Banknote rund um den Strandkorb im Wind, im Gegensatz zu zwei geknickten dänischen Flaggen. Die Amrumer mußten (entsprechend den Regularien des Versailler Friedensvertrages von 1918) abstimmen und hatten sich 1920 mit einer Mehrheit von 86 % eindeutig für den Verbleib bei Deutschland entschieden.

In den zwanziger Jahren wurde in den meist prüden Seebädern endlich erlaubt, sich im Strandkorb zu sonnen und von dort aus ins Wasser zum Baden zu gehen. Körbe mit paraventartigen Seitenteilen oder auch anknöpfbaren Vorhängen wurden erfunden, so diente der Wetter- zugleich als Sichtschutz bzw. Umkleidekabine.

KAISERLICHES PATENTAMT.

AUSGEGEBEN DEN 4. MAI 1907.

PATENTSCHRIFT

— № 184781 —

Vor allem Carl Martin Harder in Heringsdorf wurde nicht müde, immer neue Patente einzureichen bzw. bereits eingereichte Patente um Details zu ergänzen. Zuständig war inzwischen nicht mehr das Kaiserliche, sondern das Reichs-Patentamt. Dort konnte man die Eintragung in die sogenannte Gebrauchsmusterrolle und damit den Schutz von Erfindungen beantragen.

DEUTSCHES REICH

AUSGEGEBEN AM 14. SEPTEMBER 1926

REICHSPATENTAMT

PATENTSCHRIFT

— № 434019 —

Strandkorb überall und über alles: die kleineren Binnen-Körbe am Berliner Wannsee um 1930, eine Art Liegestuhl mit Haube.

Selbst an einsamsten Plätzen: Strandkörbe um 1930 auf dem abgelegenen Künstler-Eiland Hiddensee bei Rügen.

Als der Rostocker Korbmacher und Wegbereiter des Strandkorbes an der Ostsee, Wilhelm Bartelmann, 1930 im Alter von 85 Jahren starb, standen bereits Tausende ‚seiner' mobilen Lauben mit Seeblick an den deutschen Küsten.

Selbst auf einem verträumt-entrückten Eiland wie der Künstlerinsel Hiddensee fand man in den dreißiger Jahren die neuesten Modelle.

Alte Briefwechsel aus den dreißiger Jahren vermitteln den Eindruck, daß sich große Strandkorbfabrikanten wie Johann Falck und Carl Martin Harder eifersüchtig belauerten und immer versucht waren, den Konkurrenten zu überlisten. Bisweilen schien es bei der Anmeldung von Patenten gar auf den zeitlichen Vorsprung von Tagen anzukommen, – Carl Martin Harder etwa schloß viele seiner Briefe an das Reichspatentamt mit den dringlichen Worten „Ihrer baldmöglichen Erledigung meiner Sache entgegensehend zeichne ich hochachtungsvoll ...".

In Sachen Falck gegen Harder

Das Reichspatentamt kümmerte sich nicht um die Verletzung des Schutzes von eingetragenen Gebrauchsmustern, diese Überprüfung von Patentansprüchen „oblag im Streitfalle den Gerichten". So schrieb Strandkorbfabrikant Johann Falck aus Rostock am 2. November 1933 folgenden Brief an seinen Kollegen Carl Martin Harder in Heringsdorf:

Telegr.: Falck Korbfabrik Rostock — Fernsprech-Anschluß Nr. 3939

JOHANN FALCK · ROSTOCK i. M.

Korbwaren- und Strandkorb-Fabrik

Spezialität:

Korbmöbel, Strandkörbe

Kohlenkörbe, Versandkörbe, Reisekörbe

Bank-Konten: Commerz- und Privat-Bank, A.-G., Filiale Rostock; Vorschuss- und Spar-Bank zu Rostock

Postscheck-Konto: 8053 Hamburg

„Sehr geehrter Herr Harder! Wie mir mitgeteilt wird, sollen Sie beabsichtigen in diesem Jahre die Strandkörbe mit verzinkten eisernen Griffen anzufertigen. Ich erlaube mir, Sie darauf aufmerksam zu machen, dass mir diese Griffe gesetzlich geschützt sind, desgleichen auch die Handgriffe am Oberteil des Liegekorbes, die Sie wie ich hörte in diesem Jahr auch schon angefertigt haben. Hierüber behalte ich mir die Schadenersatzansprüche vor, da ich erst feststellen muß, wieviel Körbe Sie hiermit schon angefertigt haben.

Da Sie nun schon mehrfach meine Musterschutze nachgemacht haben, sehe ich mich leider gezwungen gegen Sie schärfer vorzugehen, wenn Sie nicht vorziehen sollten, sich mit mir auf gütlichem Wege zu einigen.

Ich sehe Ihre Rückäusserung entgegen und zeichne

hochachtungsvoll

Das über zwei Jahre sich hinziehende Frage- und Antwortspiel zwischen Falck und Harder, dieses Formulieren von Anschuldigungen und folgenden Gegendarstellungen, liest sich wie ein mittelständischer Wirtschaftskrimi, berücksichtigt man vor allem noch, daß der beschuldigte Carl Martin Harder parallel selbst einen Kollegen verdächtigte, geschützte Muster kopiert zu haben. So schrieb er am 5. Dezember 1933 sowohl an die Korbwaren- und Strandkorbfabrik Gottfried Wolle in Bergen (auf Rügen), beschwerte sich beim dortigen Eigentümer über die Verletzung des Gebrauchsmusterschutzes Nr. 1255994 (Feder-Zugvorrichtung für verstellbare Rückenlehne), als auch an Johann Falck, wies diesem gegenüber die Anschuldigungen in Sachen ‚verzinkte eiserne Griffe' zurück. Der Kampf um Patente wurde offenbar an vielen Fronten zugleich geführt.

Absurderweise trafen die beiden großen Konkurrenten trotz dieser Auseinandersetzungen Absprachen über kommende Preisentwicklungen und strittige Materialfragen. Am 5. Januar 1934 etwa unterschrieben Falck und Harder einen gemeinsamen Vertrag, der bis ins Detail Fragen der Skonto-Gewährung gegenüber jeweiligen Kunden regelte. Keiner der Strandkorbfabrikanten sollte sich offensichtlich einen Vorteil verschaffen können. Darüber wurde eifersüchtig gewacht. So vereinbarten beide für die Saison 1934:

„Einen Skonto von 3% bei sofortiger Kasse, 2% bei Zahlung innerhalb 30 Tagen zu gewähren, Zahlungen bis 60 Tage ohne Abzug. Bei Zielüberschreitung werden Verzugszinsen berechnet nach dem jeweiligen Bankzinsfuss für offene Kredite z. Zt. 8%."

Die Auseinandersetzung um die ‚verzinkten eisernen Griffe' setzte sich trotzdem noch bis 1935 fort. Carl Martin Harder behauptete, die Griffe bereits vor dem Eintragungsdatum des entsprechenden Gebrauchsmusterschutzes durch Falck verwendet zu haben und gab dafür auch Zeugen an. In einem Brief vom 8. Februar 1935 (an den inzwischen eingeschalteten Rechtsanwalt von Johann Falck) heißt es weiter:

„Selbst im Falle meiner Widerklage, dass der Schutz des Herrn Falck gelöscht würde und ich die Neueintragung des Schutzes beantragt und erhalten hätte, würde die Konkurrenz wie Lange, Wolle u.s.w. mit Recht sagen, Harder hat ja neuerdings den Schutz, aber wir haben den Holmgriff vorher gebaut.

Aus all diesen Gründen, bitte ich Sie die Klage zurückzunehmen. Ausserdem wäre es gegen meine Natur, vor Gericht gegen meinen früheren Meister und Chef Stellung zu nehmen.

Im übrigen haben wir es als die beiden massgebenden Betriebe der Strandkorbindustrie nicht nötig, uns vor Gericht über unsere Schütze zu unterhalten.

Ich bitte nun um Ihre Entscheidung.

Heil Hitler!"

Strandkorb im Dritten Reich

Fremdenverkehr und (davon abhängig) Strandkorbindustrie existierten weitgehend unbehelligt bis in das Jahr des deutschen Kriegseintritts 1939.

Zwar hatten Inflation und Massenarbeitslosigkeit in den Jahren zuvor für ein wirtschaftliches Auf und Ab gesorgt, waren manche Betriebe, wie etwa der von Wilhelm Bartelmann, zwischenzeitlich geschlossen worden, doch Urlaub gemacht wurde unter dem Motto „Kraft durch Freude" sozusagen bis zur totalen Mobilmachung.

Manche der Wimpel und Fähnchen, die die Strandkörbe schmückten, trugen inzwischen das Hakenkreuz, zuerst wenige, dann immer mehr.

Man badete also gewissermaßen unter anderen Vorzeichen, aber den Strom der Erholungsuchenden ans Meer unterbrachen erst wirklich der Beginn des deutschen Westfeldzuges im Mai 1940 und im Jahr darauf der Rußlandfeldzug.

Doch die Korbmacher stellten auch nach 1941 weiter Strandkörbe her, allerdings mit sehr viel geringeren Stückzahlen, da sie inzwischen einen Teil ihrer Produktion für die Erzeugung kriegswichtiger

„Kraft durch Freude": Urlaub und Baden ab 1934 im Zeichen des nationalsozialistischen „Bundes für Leibeszucht" (hier auf Sylt).

Güter zur Verfügung stellen mußten. Hauptsächlich Munitionskörbe waren gefragt und wurden in Massen geflochten.

Wie zunächst unbeeindruckt vom Kriegsgeschehen ein Carl Martin Harder seine Geschäfte trotzdem noch weiterführen konnte, beweist die Zielstrebigkeit, mit der der Unternehmer nach wie vor Patente einreichte. Am 18. Februar 1941 meldete er die Erfindung eines Strandkorbes an, dessen „äußere Wandungen" nicht mehr aus Flechtwerk bestanden, sondern aus glatten Werkstoffen wie Holz, gepreßter Pappe, sogenannten Kunstplatten und Zinkblechen. Hintergrund war natürlich weniger Harders Innovationsfreudigkeit, sondern die ausbleibenden Rohrlieferungen aus Fernost, auch wenn er schrieb: „Strandkörbe hat man bisher stets aus Rohrgeflecht hergestellt. Dieses Rohrgeflecht wird meistens wegen seiner rauhen Oberfläche und der vielen Fugen nicht gepflegt und hat daher eine beschränkte Lebensdauer von etwa nur 10 Jahren. Ausserdem setzt sich in den vielen Fugen des Rohrgeflechtes Schmutz und Feuchtigkeit ab. Ausserdem ist Rohrgeflecht nie genügend zugdicht, so dass schon unter diesem Gesichtspunkt stets in weitgehendstem Umfange Markisenstoff innen als Bespannung verwendet werden muss. Die Schmutzecken sind auch Unterschlupf für Bazillen und Ungeziefer und die sich in den Fugen festsetzende Feuchtigkeit verursacht leicht ein Stockigwerden und Fauligwerden des Bezuges.

Diese Nachteile werden erfindungsgemäss dadurch vermieden, dass die äusseren Wandungen alle oder nur einzelne, ganz oder teilweise aus glattem Werkstoff hergestellt werden."

Carl Martin Harder hatte im weiteren Verlauf des Krieges immer weniger Zeit, sich um die Strandkorbfabrikation zu kümmern. Bald produzierte er fast ausschließlich für die Armee, vor allem für das Raketenzentrum im nahegelegenen Peenemünde. 1944 errichtete er sogar noch neue Produktionsgebäude, in denen teilweise bis heute Strandkörbe hergestellt werden. Der Konkurrent aus Rostock, Johann Falck, mußte seine Fabrik bereits im Frühjahr 1942 schließen. Die Engländer hatten seit März ihre Luftangriffe auf Deutschland gestartet, denen auch Wilhelm Bartelmanns Firma in der Langen Straße zum Opfer fiel. Während einer Dreitagewelle wurden die Innenstadt und damit auch die ehedem größten Produktionsstätten für Strandkörbe in Schutt und Asche gebombt.

Die Straße, in der Johann Falcks Fabrik stand, war übrigens zwischenzeitlich umgetauft worden, sie hieß nun nicht mehr ‚Patriotischer Weg' sondern ‚Horst-Wessel-Straße'. Sofort nach dem Krieg bekam sie allerdings wieder ihren alten Namen.

Wiederaufbau und Wiederaufnahme des Badelebens

Die vielen Strandkörbe an Deutschlands Küsten waren während der Kriegsjahre natürlich nicht verschwunden. Zwar waren einige verfeuert worden, denn das Brennmaterial für Herde und Öfen war knapp, aber bei weitem nicht alle Körbe wurden ein Opfer der Flammen. Deutschland hatte kapituliert, die Versorgungslage war schlecht und die Menschen hatten 1945/46 andere Sorgen, als an den nächsten Badeurlaub zu denken.

Außerdem waren die deutschen Seebäder mit Flüchtlingen aus den Ostgebieten übervölkert, – man hatte die Vertriebenen in den entsprechenden Pensionen, Ferienheimen und Hotels untergebracht. Auf der Insel Amrum etwa kamen bis 1950, als dann konkret mit der Umsiedlung begonnen wurde, auf einen Einheimischen vier Ostflüchtlinge. So waren diese Menschen ohne Heimat gewissermaßen die ersten, die nach Kriegsende in den Strandkörben wieder Ruhe und Erholung fanden, denn natürlich nutzten sie im Sommer die verbliebenen Einrichtungen der jeweiligen Seebäder.

Auf Sylt begannen manche Strandkorbeigentümer schon 1946 wieder mit der Vermietung, teilweise im Tausch gegen Naturalien. So kam es vor, daß die ersten Urlauber mit Kohlen oder Lebensmitteln, Zigaretten oder Kleidung bezahlten.

Edgar Fricke, in den siebziger Jahren dann Deutschlands Herrscher über die größte Zahl privater Körbe, nahm zwar in seiner ersten Saison nach dem Krieg, 1949, kaum dreitausend Mark ein, aber ein paar Jahre später wurde er zum ungekrönten Strandkorbkönig des Südzipfels von Sylt, vermietete in Hörnum, Keitum und Rantum.

Deutsche Korbmacher waren in der allerersten Zeit nach dem Krieg hauptsächlich damit beschäftigt, aus Rüstungsgütern wieder Alltagsgegenstände zu machen, etwa Geschoß- bzw. Munitionskörbe zu Damenhandtaschen umzuflechten.

Johann Falck, bei Kriegsende 75 Jahre alt, sowie seine Nachkommen hatten genug zu tun, die zerstörte Fabrikation in Rostock wieder aufzubauen. Ein paar Körbe wurden Ende der fünfziger Jahre noch geflochten, doch alte Größe erreichte das Unternehmen nicht mehr. Johann Falck starb 1953, heute leitet seine Enkelin das Korbwarengeschäft in der Wismarschen Straße Nr. 5.

Nicht weit entfernt von Rostock: Die Korbmacherfirma von Carl Eggers in Volsrade bei Dömitz (Kreis Schwerin) flocht ebenfalls aus Munitionskörben Einkaufstaschen (getreu dem verwandten Motto „Schwerter zu Pflugscharen“) und arbeitete daneben vor allem für die Schiffahrt, stellte Fender und Bojen her. Doch im November 1947 wurde der Betrieb, ein seit 1772 existierendes Familienunternehmen, enteignet; kurz zuvor floh Carl Eggers bei Schneetreiben in einem Boot über die Elbe von der sowjetischen in die britische Besatzungszone und ließ sich bald im nahen Mölln nieder, wo er bereits 1948 eine neue Produktion gründete, allerdings noch nicht für Strandkörbe. Doch dann geschah im rund 50 Kilometer entfernten Seebad Travemünde etwas Merkwürdiges, was das weitere Schicksal des Korbmachers bestimmen sollte. Die englischen Soldaten beschlagnahmten, keiner weiß warum, alle Strandkörbe dort, karrten sie immerhin über 200 Kilometer weit zum Casino nach Bad Harzburg am Nordrand des Harzes, lagerten sie dort zwischen und wußten dann nichts mehr anzufangen mit ihnen. Im Lauf der Zeit wandten sich die Engländer auch an Carl Eggers, baten ihn um Hilfe, überließen ihm schließlich die Körbe für ein paar Mark. Der stieß sie gleich wieder ab, verkaufte einen Teil zurück nach Travemünde, den anderen Teil an das Ostseebad Scharbeutz. Ein Strandkorb aber blieb in der Möllner Firma zurück, der Korbmacher besah ihn sich genau und entschied: „Das können wir auch!“ So begann er 1949 mit der Strandkorbfabrikation und legte damit den Grundstein für das Familienunternehmen, das, inzwischen von seinem Sohn Peter Eggers geführt, heute zu den wichtigsten Herstellern in Deutschland zählt.

In den Niederlanden, der einstigen Domäne des geflochtenen Sitzes, spielten Strandkörbe nach dem Krieg erstaunlicherweise kaum mehr eine Rolle, sie wurden langsam von Liegestühlen abgelöst. Zwar lieferte Carl Eggers noch ein paar Körbe nach Egmond aan Zee, aber wirklich heimisch wurden die Sofas am Meer dort nicht mehr.

In Deutschland dauerte es nach dem Krieg rund fünf Jahre, bis wieder so etwas wie Normalität eingekehrt war im langsam sich entwickelnden Fremdenverkehr. Da aber viele Orte an den deutschen Küsten sowieso in wirtschaftlich strukturschwachen Gebieten lagen und sich dort schon vor dem Zweiten Weltkrieg eine große Abhängigkeit vom Tourismus entwickelt hatte, wanderten noch zu Beginn der fünfziger Jahre viele Menschen nach Amerika aus. Vor allem die Inseln (wie etwa Amrum) wurden, mangels entsprechender Verdienstmöglichkeiten, in Massen verlassen. Manche der Amerikafahrer kamen nie mehr zurück, andere kehrten Anfang der sechziger

Neue Ferienseligkeit im Wirtschaftswunder: Westerland auf Sylt.

Jahre wieder heim, als es für die meisten Deutschen abermals ganz alltäglich war, in Urlaub zu fahren und in Strandkörben zu liegen.

Nun konnte mit den Feriengästen erneut Geld verdient werden. In der Bundesrepublik Deutschland wohlgemerkt. In der im Oktober 1949 entstandenen Deutschen Demokratischen Republik entwickelte sich das Leben unter ganz anderen Vorzeichen.

DDR: verordneter Urlaub und Enteignungen

Sehr viel schneller als im Westen wurden im Osten Urlaub und Erholung wieder organisiert, dienten diese doch der erwünschten Produktivkraft der Arbeiterklasse. Bald gab es die ersten FDGB-Ferienschecks und Urlaubsreisen für Aktivisten.

Der dann binnen kurzem ins Leben gerufene Feriendienst des FDGB (Freier Deutscher Gewerkschaftsbund; bereits 1945 gegründete Einheitsgewerkschaft) verteilte Urlaubsquartiere und regelte, wer wann wohin fahren durfte. So hatte der durchschnittliche DDR-Bürger nur etwa alle zehn Jahre das Recht auf Ferien am Meer. Mehr Plätze waren in den Seebädern nicht vorhanden. Man wechselte also zwischen den Erholungsgebieten in den Mittelgebirgen, an den inländischen Seenplatten und an der Ostseeküste. Dort, am Meer, tummelten sich die Urlauber nicht nur im Sommer, sondern das ganze Jahr über. Schließlich war man der Überzeugung, ein Aufenthalt an der See sei immer gesund, egal bei welchem Klima. Strandkörbe standen zu DDR-Zeiten also auch im Winter am Wasser, waren ein über das ganze Jahr gefragter Artikel.

Strandkorbfabrikant Carl Martin Harder aus Heringsdorf war zunächst 1945 unter dem Recht der sowjetischen Besatzungszone enteignet worden, wurde für ein paar Tage in einem kniehoch mit Wasser vollgelaufenem Keller in Swinemünde festgehalten, dann in das Arbeitslager ‚Fünf Eichen' in Neubrandenburg überstellt. 1948 kam er frei und konnte bald vorsichtig beginnen, die Strandkorb-Fertigung in Heringsdorf auf der Insel Usedom wiederaufzunehmen. Vor dem Krieg hatte er knapp hundert Arbeiter beschäftigt, jetzt war es nur mehr ein Bruchteil dessen. Rund 15 Leute arbeiteten schließlich für Carl Martin Harder, als die II. SED-Parteikonferenz 1952 den „Aufbau des Sozialismus" beschloß und damit den entscheidenden Schritt zur gesellschaftlichen Angleichung der Deutschen Demokratischen Republik an die Wirtschafts- und Sozialordnung der UdSSR vollzog. In der Folge dieses Beschlusses und auch in Zusammenhang mit der Verkündung der Parole „Neuer Kurs" (eine Reaktion auf die Erschütterung der sozialistischen Länder durch Stalins Tod am 5. März 1953) wurden umfangreiche Enteignungen durchgeführt, wurden Privatbesitz und Firmeneigentum dem Volksvermögen zugeschlagen. Eine der radikalsten Maßnahmen dieser Art war 1953 die ‚Aktion Rose'. Ihr fiel Carl Martin Harder zum Opfer. Offiziell tarnte man die Enteignung mit Vorwürfen steuerlicher Hinterziehung und hatte schnell einen Grund, den Strandkorbfabrikanten in einem Willkürprozeß zu verurteilen und ins Gefängnis zu werfen. Zuvor mußte er an einem der Märsche teilnehmen, wie sie in ähnlicher Form, aber unter anderen Vorzeichen, auch die Nationalsozialisten durchgeführt hatten, um ihre vermeintlichen Feinde zu demütigen.

Carl Martin Harder wurde mit anderen ‚Verbrechern' wider den Sozialismus und weiteren Gegnern des Arbeiter- und Bauernstaates durch Wolgast getrieben, mußte ein Schild um den Hals tragen, auf dem er sich selbst beschuldigte und Bestrafung verlangte.

Diese Ereignisse führten unmittelbar zu den dramatischen Aufständen gegen das SED-Regime am 17. Juni 1953.

1956 konnte Carl Martin Harder die DDR verlassen, ging in den Westen, ließ sich für drei Jahre in Büchen nahe Hamburg nieder, begann gleich wieder, Strandkörbe zu bauen und fing schließlich im Alter von 55 Jahren in Heiligenhafen an der schleswig-holsteinischen Ostseeküste mit seinem Sohn Dieter nochmal ganz von vorne an. Dort hatte er 1959 die Möglichkeit bekommen, eine aufgelassene Möbelfabrik zu pachten, die er bereits wenige Jahre später kaufen konnte. Die Größe seiner alten Produktionsstätte in Heringsdorf erreichte er freilich nicht mehr, mit zunehmendem Alter übergab er die Geschäfte (1976) schließlich an seinen Sohn Dieter, arbeitete aber noch im Betrieb mit, der heutzutage ein paar hundert Strandkörbe pro Jahr herstellt und rund 15 Leute beschäftigt.

Carl Martin Harders alte Strandkorbfabrik in Heringsdorf war 1953 zwischenzeitlich ins FDGB-Bundesvermögen übergegangen (eine Art DDR-Treuhandanstalt), und kurz darauf hatte man einen volkseigenen Betrieb gegründet, der schon bald aufgrund von Problemen mit der Materialversorgung gezwungen war zu improvisieren.

Plaste & Elaste

Fast von Beginn an hatte das volkseigene Strandkorbwerk in Heringsdorf mit Materialschwierigkeiten zu kämpfen. Es gab Engpässe mit dem aus Asien importierten Rohr, welches bereits früh, noch vor der Jahrhundertwende, die Weidenruten ergänzt bzw. abgelöst hatte, aus denen die ersten Strandkörbe geflochten worden waren.

Nun wurde ab 1954 in Heringsdorf gezwungenermaßen ein neuer, alternativer Werkstoff ausprobiert und verarbeitet, der sich im Endeffekt bis in unsere Tage behaupten sollte: Plastik (hier in der DDR-Variante ‚Plaste'). In Westdeutschland wurde noch bis Ende der sechziger Jahre Rohr verflochten, erst um 1970 (in manchen Betrieben sogar noch später) erfolgte der Wechsel zu den wetterbeständigeren und weitgehend farb- wie lichtechten Kunststoffen.

Einer der letzten in der DDR geflochtenen, volkseigenen Export-Rohrkörbe Ende der fünfziger Jahre.

Vom Korb zum Körbchen

Doch die Flechter in Heringsdorf hatten nicht lange Freude an dem bunt-elastischen Material, denn auch hier wurden sie bald mit Versorgungsproblemen konfrontiert.

Viele Korbmacher wurden Anfang der sechziger Jahre also von der Strandkorb- in die Kleinkorbwaren-Produktion versetzt, wo man tatsächlich noch mit Naturmaterialien arbeitete (hauptsächlich Weidenrohr), oder sie fertigten Korbmöbel.

Die Strandkorbherstellung der DDR lag nun bis zur deutsch-deutschen Wende 1989 allein in den Händen von Schreinern. Diese zimmerten die Gestelle, in die dann, sozusagen analog zur Plattenbauweise im DDR-Wohnungsbau, die Seitenwände aus glatten Werkstoffen eingesetzt wurden. Dieses Vorgehen erinnerte fatal an das Patent, das Carl Martin Harder, der enteignete Alteigentümer der Heringsdorfer Fabrik, noch zu Kriegszeiten angemeldet hatte: Damals, 1941, baute er versuchsweise und aufgrund von Problemen mit der Materialversorgung einen Strandkorb, dessen „äußere Wandungen“ nicht mehr aus Flechtwerk bestanden, sondern aus glatten Werkstoffen wie Holz, gepreßter Pappe, sogenannten Kunstplatten und Zinkblechen. Körbe dieser Art hatte Harder auch nach dem Krieg fabriziert, als es noch nicht wieder Rohr zu kaufen gab.

Dieses Notnagels erinnerten sich nun die sozialistischen Strandkorbhersteller: Für den Dachbereich verwendete man leicht biegsame Platten aus Phynolharz, welches im Schalttafelbau zum Einsatz kam. Für die Seitenteile wurden Platten aus Sperrholz oder aus Faserstoffen genommen. So entstand der Typ ‚DDR-Platte‘ (Ostjargon), er setzte sich schnell durch und bestimmte bald das Bild der volkseigenen Strände.

My home is my Strandkorb

Die Teilung Deutschlands nach dem Zweiten Weltkrieg konnte weder in Ost noch in West den Strandkorb verdrängen. Er blieb ein gewissermaßen gesamtdeutsch verbindendes und auf beiden Seiten des Eisernen Vorhanges gleichermaßen beliebtes Strandmöbel. In der BRD sorgte er für die nostalgisch verklärte Identifikation mit dem Zustand ‚Urlaub & Freizeit', in der DDR stand er gewissermaßen an der Grenze zur Freiheit: Man konnte im Strandkorb zwar nicht flüchten, denn er schwimmt nicht, aber man schätzte den Blick aufs Meer, das manche für ihre heimliche Ausreise bei Nacht und Nebel wählten. Nicht zufällig standen an den volkseigenen Stränden in festen Abständen Wachtürme und war der Aufenthalt am Brandungsschlag der Wellen in der Dunkelheit verboten.

Heutzutage trifft man tatsächlich nur mehr an den gesamtdeutschen Küsten auf den Strandkorb. In Frankreich und den Niederlanden, wo er ja im 19. Jahrhundert und noch zu Beginn des 20. Jahrhunderts verbreitet war, findet man ihn gar nicht mehr oder spielt er allenfalls noch in Einzelexemplaren eine Rolle. Aber auch an direkt benachbarten Stränden mit identischem Klima sucht man vergebens nach dem bequemen Sofa am Meer: Weder in Dänemark noch in Polen bietet sich dem Badetouristen die Möglichkeit, Strandkörbe zu mieten. Ebensowenig in Belgien, auf den englischen Kanalinseln oder in den skandinavischen Ländern. Selbst auf der nur wenige Kilometer von der deutschen Grenze entfernten dänischen Nordseeinsel Röm steht keine der lauschigen Strandlauben, während auf dem nahen Sylt die Zahl der Strandkörbe fast zehntausend erreicht. Versuche in den fünfziger Jahren, den Strandkorb nach Italien zu exportieren, scheiterten kläglich. Zwar wurden die beiden Fiat 500, die 1956 über 5000 Kilometer entlang der Mittelmeerküste zurücklegten und zwei kleine Anhänger mit den deutschen Freizeitmöbeln hinter sich herzogen, überall bewundert, aber geschäftlich brachte die pfiffige Werbetour nur wenig ein.

Der Deutsche und sein Strandkorb – ein Herz und eine Seele?

Zwar spotten manche Auslandsreisende über die Daheimgebliebenen und ihren Tick mit dem Korb, aber die Urlauber an Nord- und Ostsee ließen sich bisher nicht aus der Ruhe bringen. Das geflochtene Palais am Meer strahlt Muße aus, erinnert einladend an die Zeit, als man noch geruhsam über den Strand promenierte, als Beschaulichkeit und Träumerei Bestandteil der Erholung waren und der Be-

Real gewordenes Urlaubsklischee: deutsche Familie auf Amrum in Sandburg mit Flagge, Sonnenschirm und BILD-Zeitung.

griff ‚Flaneur' noch eine Bedeutung hatte. Das Sofa im Sand ist auch eine Zeitmaschine in vergangene Epochen, hier ist gut ruhen und man entdeckt für sich die Langsamkeit.

„Der Strandkorb gehört zum deutschen Badeleben wie das Wasser in der Wanne", befand die Wochenzeitung „Die Zeit" im Juli 1971 und fand in dem ganzseitigen Artikel doch keine Gründe für diese Diagnose. Merkte nur an, daß die Idee, deutsche Bürger zum Bräunen in Körbe zu packen, sich eben als goldene Idee erwiesen habe. Von Helgoland bis Usedom.

Ist es die als typisch deutsch gerühmte Schrebergartenmentalität, die die Bürger dieses Landes massenhaft in die kleinen, privaten Lauben am Meer treibt? Ist es derselbe Wahn, der die Deutschen drängt, selbst das kleinste Vorgärtchen zu umzäunen und sich damit abzugrenzen? Eine Sehnsucht nach der intimen Gralsburg?

Ist es also diese bieder-muffige Gesinnung? Der allerliebste Rückzug ins Private? Frohsinn und hausbackene Gemütlichkeit innerhalb der eigenen vier Wände? Oder ist es die Eigenheim-Manie, die wenigstens zu Hause im Reihenmittelhaus und urlaubenderweise im Strandkorb Erfüllung findet? Ist es genau dieses ‚Häuslebauer'-Syndrom, welches so gerne den Schwaben nachgesagt wird, im Grunde aber auf alle Deutschen zutrifft? My home is my Strandkorb ..., ein deutsches Unikum!

Geistige Abflughalle

Der Piper Verlag nennt eine Reihe von Urlaubslesebüchern in durchnumerierter Folge einfach „Strandkorb“, wobei auf dem Titelblatt der ersten Ausgabe 1989 merkwürdigerweise kein Strandkorb abgebildet war, sondern ein paar Sonnenanbeter auf Holz-Klappstühlen. Zur Idee des Buches heißt es im Klappentext trotzdem:

„Lesen – am heißen Strand, die Füße hoch, geborgen im Schutz des Strandkorbs. Erfahrungen machen, sich ihnen aussetzen, teilnehmen an Geschicken anderer, sich überraschen lassen vom unerwarteten Ausgang.

Keine Urlaubsgeschichten – die erlebt man selbst. Das Umgekehrte ist sinnvoller: lesen, was man versäumt hat, lesen, was einem bevorsteht, Lesen als Abenteuer, als Aufbruch ins Unbekannte.

Der Geist, erholt und in einem Zustand, der sich einiges zutraut, will sich herausfordern lassen. Der Körper, gut untergebracht im Strandkorb, Caféhausstuhl oder Hotelbett, überträgt ihm die Herrschaft. Für solche Situationen des Mangels ist STRANDKORB gedacht.“

Der Strandkorb als Abflughalle in geistige Welten – fürwahr eine schöne und vor allem treffende Metapher. Wohl kein anderer Urlaubsort eignet sich so trefflich für alle Arten von Leseabenteuern. Vor allem wenn man bei kräftigem Wind, der natürlich immer aus der falschen Richtung weht, Zeitung lesen will. Ohne den Wetterschutz kann einen das Umblättern leicht bis zur Weißglut treiben, im Strandkorb ist es kein Problem.

Auch ist man, erhaben über alle ringsum ausgebreiteten Handtücher, im Kampf gegen den Sand erfolgreicher. Im Strandkorb hat man wirklich die Chance, ihn dort zu vermeiden, wo er am allermeisten stört: auf dem mitgebrachten Butterbrot! Populär wurde der Logenplatz am Strand zuletzt auch wieder als unverzichtbarer Sonnenschutz. Daß die Sonne schaden kann, weiß eigentlich jeder, seit das Ozonloch wächst und wächst und wächst. Sonnenbrand ist mit das Schlimmste für die menschliche Haut, und so hat der Spruch „Only mad dogs and englishmen go out in the midday sun" an Aktualität gewonnen. Wer schlau ist, bleibt im Schatten des Strandkorbes. Von April bis Oktober kommen Urlauber an den deutschen Küsten an ihm also nicht vorbei, ist er nicht zu übersehen und gehört auch für die nächsten Jahrzehnte zum festen Ferien-Inventar.

Werbung mit der sturmfreien Bude

Als die Mineralölgesellschaft Aral AG im Sommer 1994 eine Plakatwand-Aktion mit einem Strandkorbmotiv im direkten Umfeld der eigenen Tankstellen startete, traf sie damit offenbar ins Herz der Deutschen. Die Kunden starrten beim Tanken fasziniert auf die gedruckten Ferienlandschaften samt Strandkorb, und einige kamen nach Mitternacht wieder, um die riesigen, verlockend urlaubsseligen Bilder mit Messer und feuchtem Schwamm vorsichtig, Bahn für Bahn, abzulösen, um sie sodann in Partykellern oder sogar Schlafzimmern wieder aufzuhängen.

Die Werbung mit der Deutschen liebstem Freizeitmöbel hat dabei durchaus Methode: Vor allem Eisfirmen und Getränkehersteller, Tabakkonzerne und Keksfabriken preisen im Sommer ihre Produkte gerne mit Hilfe des Wind- und Wetterschutzes an, lassen Körbe mit entsprechendem Werbeaufdruck in Pizzerias und Biergärten aufstellen. ‚Langnese' verloste drei Strandkörbe und ‚Bacardi Rum' eine sturmfreie Bude mittels Gewinnspiel, ‚Camel' und ‚Coca Cola' ließen ihren Schriftzug auf Strandkörbe sprayen, ‚Prince Denmark' gab ein Sondermodell „Prince" in Auftrag und ließ es zu einem sehr günstigen Aktionspreis in limitierter Auflage verkaufen (inklusive eingebautem Ascher selbstverständlich), der Tabakkonzern B.A.T entwarf einen ‚Gauloises'-Strandkorb, der in deutschen Diskotheken zum Einsatz kam als eine Art Séparée mit zuschaltbarem Lichtspiel auf dem Dach und speziellen Getränkehaltern sowie Aschenbecher. Auch Marken wie ‚Nestle', ‚Fanta', ‚Herrenhäuser Bier' oder ‚Bahlsen' kamen auf den Strandkorb, die Gebäckfirma etwa verstaute kleine Spielzeug-Strandkörbe aus Plastik in Kekstüten.

Das Zweite Deutsche Fernsehen lockte 1994 mit dem beliebten Bademöbel die Zuschauer für das Sommerfilmprogramm in die erste Reihe: Ein Viereinhalb-Sekunden-Trailer im Stile eines Super-8-Urlaubsfilmchens zeigte zuerst eine junge Frau im Strandkorb Nr. 3, dann Muscheln auf Sand und abschließend Sonnencreme auf Haut. „Weniger auf Information, sondern auf Stimmungen kam es an", meinte der verantwortliche Präsentationsgrafiker Alexander Hefter, „Sommer, Sonne, Strand, Meer, Wolken, Wasser. Wir haben das im Studio aufgenommen. Und es war erstaunlich, welche Ausstrahlung dieser Strandkorb hatte, der einfach vor einer blue screen stand, einer blauen Folie. Der Strand konnte so erst später mit Hilfe einer Computeranimation einkopiert werden."

Strandkorb im Sommerloch

In der heißen Zeit, immer wenn im deutschen Blätterwald nichts los ist und mühsam Jahr für Jahr die alkoholischen Exzesse eines Harald Juhnke, die Liebesprobleme von Prinzessin Diana oder das populäre Seeungeheuer im schottischen Loch Ness wieder und wieder aus dem publizistischen Sommerloch hervorgezaubert werden, – dann wissen Strandkorbhersteller und -vermieter, daß bald ein Reporter der Lokalzeitung vor ihrer Tür stehen könnte, um die obligatorische Sommerreportage auch über den Strandkorb zu schreiben. Daß dieser nach wie vor begehrt und bequemer denn je sei, ist dann zu lesen, dieses Sofa am Strand, das immer noch in Handarbeit hergestellt werde, nur von Sturmfluten wirklich bedroht sei und ansonsten jede Krise bisher überstanden habe, selbst als viele Urlauber in den siebziger Jahren anfingen, ihren Strandkorb nicht mehr wochen-, sondern nur mehr tageweise zu mieten: Wenn es regnete, standen die als typisch deutsch belächelten Ungetüme also traurig im Sand, ohne ihren Eigentümern noch eine müde Mark zu bringen.

Doch keine Sorge, der Strandkorb ist – vermutlich unsterblich!

Zumindest haben die Kunststoffe, aus denen er inzwischen vorwiegend hergestellt wird, eine hohe Halbwertzeit. Bevor dieses Material verrottet, geht noch so mancher Urlaub ins Land.

Strandkorb Nr. 3 in der ersten Reihe: Standbild des ZDF-Sommertrailers.

Begehrtes Objekt in blau und weiß: Die Aral AG landete im Sommer 1994 einen Hit mit ihrem Werbe-Strandkorbmotiv.

AUF BIEGEN UND BRECHEN
Ein Strandkorb entsteht

Nach dem obligatorischen Nachsaison-Urlaub im Oktober fängt es in den Händen meist wieder zu kribbeln an. Dieses Gefühl kennt Willi Isokeit nur zu gut. Im Grunde genommen seit 1952, als der damals 17jährige Mann bei der Firma Eggers in Mölln seine Korbmacherlehre begann. Jahr für Jahr dasselbe Spiel: Ab November, wenn wieder angefangen wird, die neuen Körbe für die dann nächste Saison am Strand zu flechten, wächst abermals die Hornhaut, wird an den am stärksten belasteten Stellen 3 bis 4 mm dick. Und gleitet das Flecht-Material besonders schnell und behende durch die Finger, gesellen sich Brandblasen noch dazu.

Die Flechterei ist im wahrsten Sinne des Wortes Handarbeit. Maschinelle Alternativen sind nicht zu erwarten.

Willi Isokeit gibt sich immer nach den Ferien, wenn die Haut an den Händen wieder weich geworden ist, die größte Mühe, seine eigentlichen Werkzeuge zu schützen: „Man muß sie immer schön eincremen", sagt er. Und nachts bisweilen salben oder sogar verbinden. Trotzdem platzen die Hände nach kurzer Zeit wieder auf, wird der Riß in der Mitte des Nagels, über den der Flechtfaden läuft, erneut größer und größer und beklagt sich am Abend die Tochter: „Du hast aber rauhe Hände!"

Handschuhe zu tragen, ist sinnlos, der Flechter braucht den direkten Kontakt mit dem Material. Und jeder Kenner wird bemerken, ob ein Strandkorb wirklich professionell geflochten wurde, ob der Flechter zum Beispiel den Flechtfaden über die ganze Breite der Strandkorb-Hauben kräftig genug gezogen hat. Zweieinhalb bis drei Stunden ist er mit dem in das Dach übergehenden Rückteil eines Zweisitzers beschäftigt, eine Knochenarbeit, die nur im Stehen gemacht werden kann und die den Körper auf Dauer hart belastet: „Da haste am Abend immer Beine schwer wie Blei", sagt Willi Isokeit und schildert gleich noch seine Bandscheibenprobleme mit.

Frauen werden in der Flechterei nur bedingt eingesetzt. Um den Flechtfaden bei der Herstellung der ausladenden Strandkorbhauben ordentlich straff ziehen zu können, fehlt ihnen in der Regel die Kraft und oft auch das entsprechende Stehvermögen. So flechten sie meist die kleineren Seiten- oder Bockunterteile.

Ein Knochenberuf: Willi Isokeit flicht in Mölln bei der Firma Eggers seit 1952 die Hauben von Strandkörben.

Trotz Überstunden, wenn die Auftragslage gut ist, Sonderschichten im Sommer und Arbeit im Stückakkord, sind Korbflechter Individualisten. Schließlich verlangt der Beruf neben geschickten Händen Formensinn. Und wer genau hinschaut, merkt schnell: Kein Strandkorb ist wie der andere, das individuelle Detail steckt eben im Geflecht. Denn der Korbflechter arbeitet ohne Winkel, sein wichtigstes Maß ist das Augenmaß. Das war so noch extremer zu Wilhelm Bartelmanns Zeiten, als tatsächlich jeder Strandkorb vom anderen zu unterscheiden war. Zum Beispiel, weil die Seitenwände ein wenig schief oder eingeknickt waren, weil das Dach ein bißchen durchhing, weil er schmaler, höher, breiter oder niedriger war als andere Körbe, das Geflecht straff oder schlaff.

Diese deutlichen Unterschiede haben sich fast ganz verloren, seit Strandkörbe nahezu industriell gefertigt werden, seit normierte Holzgestelle das immer selbe Grundgerüst bilden, das dann ausgeflochten wird. Doch abgesehen von verschiedenen Modellvarianten, auch von der jeweiligen Machart eines Herstellers, ist es nach wie vor der Flechter, der jeden Strandkorb zu einem Unikat macht. Willi Isokeit hat lieber mit Rohr geflochten, erinnert sich gern an die rund 20 Jahre seines Berufslebens, in denen Plastik keine Rolle spielte. „Mit dem Kunststoff laufen dir leicht die Schläge weg, Rohr haftet einfach leichter und du mußt nicht dauernd nachbessern."

Daß Strandkörbe trotz der Verwendung von Kunststoff bis heute ausgeflochten werden, mag als Unsinn erscheinen, als nostalgischer Reflex, abwaschbar und hygienisch. Doch der Grund für das Verflechten der Rahmenteile mit Plastikband liegt im Strandkorb selbst: Das leicht winddurchlässige Geflecht sorgt bei sommerlicher Hitze für ein angenehmes Binnenklima.

Unten & oben: vom Bock bis zur Haube

Ein Strandkorb wird aus vier großen Teilen hergestellt: dem Unterteil (auch Bock genannt), den beiden Seitenteilen, die dann an den Bock geschraubt werden und dem größten und wuchtigsten Element, dem in das Dach übergehenden Rückteil (auch Haube, Verdeck oder Kappe genannt), das am Schluß in zwei Metallschlaufen hinten am Bock eingehängt wird und beweglich ist, in verschiedenen Sitz- bzw. Liegepositionen justiert werden kann, je nach Modell in vier bzw. fünf Arretierungen oder stufenlos.

Grundmaterialien sind nordische und russische Kiefer; nordische Fichte; nordische Tanne; wasserfest verleimte Birkenmultiplexplatten oder andere Schichtholzplatten; dunkle oder helle Holzschutzlasuren; verzinkter Rund- und Flachstahl; verzinkte Tackerklammern, Nägel und Schrauben; imprägnierte Markisenstoffe oder PVC-Folien; Schaumstoff oder Kokosmatten für die Polsterung; verschiedenfarbige Kunststoffe (flach und rund) oder Rohrbast bzw. Peddigrohr, in seltenen Fällen auch Weide, für das Geflecht.

Das Strandkorb-Grundmodell ist der doppelsitzige Sitz- bzw. Liegekorb mit ausziehbaren Fußrasten, Seitentisch, Armlehnen und kleiner Sonnenmarkise. Unterschieden wird zwischen Halbliegern (Standard) und Liege-Modellen mit waagrechter Liegefläche. Gegen Aufpreise sind alle möglichen Extras erhältlich: aufklappbarer Sitz mit verschließbarem Fach; verschließbares Schutzgitter; Sitz mit extra starker Polsterung; drehbares Untergestell mit Kugellagerkranz und gesonderten Stützen; stufenlose Verstellung des Strandkorbrückteils mit unterstützender Rückholfeder; Markisenstoff statt Plastikfolie; vier Rollen unter dem Korb; zweiter Seitentisch oder extra großer, abnehmbarer Tisch; zwei Nackenrollen; Kissen; eingenähte Seitentaschen (auch: Lektüretasche); hochstellbare Fußrasten; Fußrasten mit Staufach; Schutzplane; Transportkarre.

Neben den Zweisitzern werden nach wie vor Einsitzer hergestellt, aber auf Wunsch auch Drei-, Vier- und Fünfsitzer, die dann allerdings aufgrund ihres recht hohen Gewichts kaum mehr zu bewegen sind.

Kleine Rohrkunde

Etwa 95 % aller Strandkörbe, die heute hergestellt werden, sind aus Plastik geflochten. Rohrbast (Naturrohr), das immer schon aus Asien importiert wurde – im Moment ist Indonesien der Hauptlieferant – wird nur mehr sehr selten verarbeitet. Bis Anfang der siebziger Jahre war es jedoch fast alleiniges Flechtmaterial (außer bei DDR-Strandkörben). Probleme hatte es vor allem mit der geringen Haltbarkeit gegeben, was asiatische Exporteure teilweise dazu bewog, das Naturmaterial chemisch zu behandeln. Hautreizungen und chronische Erkrankungen bei den Flechtern waren die Folge.

Mit Weide, dem Material, aus dem der erste Strandkorb von Wilhelm Bartelmann bestand, wird heute so gut wie gar nicht mehr gearbeitet. Weidenruten sind nur mit viel Aufwand zu verflechten, weil sie sich verjüngen. Außerdem verrotten sie am schnellsten.

Auch mit Holzspänen kann geflochten werden, im Strandkorbbau kommen sie allerdings so gut wie gar nicht zum Einsatz.

An Naturmaterialien sind also zwei Arten gebräuchlich: Zum einen Peddigrohr (auch spanisches Rohr, Stuhlrohr, Rotang, Ratan, Rattan genannt), bis zu vier Zentimeter dicke, rohrartige Stengel bestimmter, lianenartig kletternder Rotangpalmen (insgesamt über 350 Arten, vor allem in asiatischen Tropen vorkommend); zum anderen Bambus (Rohrbast), jene tropischen Grasgewächse mit den hohlen, verholzten Halmachsen.

Beide Gewächse müssen für die Verwendung in der Korbflechterei vorbehandelt, d. h. in gleichmäßige Streifen bzw. Bänder geschnitten werden; sonst ließen sie sich nicht verarbeiten.

Außerdem ist bei Rohrbast zu entscheiden, ob man ihn mit der natürlichen, glatten, kieselsäurehaltigen Oberfläche verarbeiten will (ungeschält, natürlicher Witterungsschutz) oder ohne, also geschält. Dieser geschälte Rohrbast muß lackiert werden, da er keine Schutzschicht mehr hat, man kann ihn also auch farblich gestalten.

So oder so wird er, wie auch Peddigrohr, vor der Verarbeitung in Wasser eingeweicht, weil er sonst nicht zu biegen ist.

Strandkorb an einem Tag

Die Arbeit an einem Standard-Strandkorb nimmt etwa acht bis neun Stunden in Anspruch. Ein moderner Strandkorb durchläuft in der Fertigung insgesamt sieben Stationen: In der Schreinerei werden die Rahmenteile sowie die Kleinteile aus Holz (Fußrasten bzw. Fußauflieger, Seitentischchen) gefertigt; in der Taucherei werden die Holzteile mit Schutzmitteln imprägniert; in der Schlosserei werden die verzinkten Bleche (Führungsschienen, Beschläge, Aufhängungen) gebohrt, gestanzt, gebogen und geschweißt; in der Flechterei werden die Rahmenteile ausgeflochten; in der Polsterei werden die Sitzflächen und die Fußrasten gepolstert sowie die inneren Seitenwände und das Rückteil des Strandkorbes bezogen; dann erfolgt der komplette Zusammenbau und schließlich die Endkontrolle samt der entsprechenden Verpackung.

Die Haube ist das arbeitsintensivste Element, an ihr flicht der Korbmacher knapp drei Stunden. Entscheidend ist die Stabilität des Daches, dem unter Dampf rundgebogene, schichtverleimte Hölzer Halt geben. Die Festigkeit wird noch durch Staken (Stangen), die in das Rohrgeflecht mit eingearbeitet werden, erhöht. Diese Stangen bestanden bis Ende der achtziger Jahre aus dünnen, in Plastikum-

Stoffmuster in der Polsterei: Farbpsychologisch ist erwiesen, daß ein gelb-weißer Bezug am besten entspannt.

mantelungen geschobenen Peddigrohren, inzwischen sind Vollkunststoffstaken auf dem Markt und erleichtern so die Aufgabe deutlich. Sie platzen außerdem an den Stellen, an denen sie stark gebogen werden müssen, nicht mehr so leicht auf.

Verkompliziert wird die Arbeit noch durch die Bordüre (auch Kranzleiste oder Haubenzierleiste), die um den oberen, vorderen Dachabschluß des Strandkorbes herum befestigt werden muß. Es handelt sich entweder um einen geflochtenen Zopf oder um eine auf Gärung geschnittene Leiste (aus Kunststoff oder Holz).

Die Strandkorbhauben produziert man in der Regel in den Wintermonaten auf Halde, um dann im Frühjahr, der Zeit, in der die meisten Bestellungen ausgeliefert werden müssen, entsprechend schnell reagieren zu können. Wenn die Vermieter, ob nun Kurverwaltungen oder Privatunternehmer, im März und April, zum Beginn der Saison, auf die vereinbarten Lieferfristen pochen, verlassen in einer Woche oft mehrere hundert Körbe die großen Fabriken. Hat man im Winter also nicht entsprechend vorgearbeitet, kommt man in Schwierigkeiten. Eine marktführende Firma wie etwa das Familienunternehmen Eggers in Mölln produziert in Spitzenzeiten 20 bis 25 Körbe pro Tag, aufs Jahr gerechnet sind es gut 3000 Stück. Im brandenburgischen Wittenberge an der Elbe hat man inzwischen sogar eine Zweigstelle eröffnet, in der ausschließlich Strandkorb-Hauben hergestellt werden.

Kunst & Handwerk: Strandkorb-Fußrasten nach dem Bad in der Wetterschutzlasur.

Rundgang durch eine Strandkorbfabrik

Vor allem der Lärm der Hobelmaschine, das Kreischen der Säge und das dumpf-metallische Schußgeräusch der hydraulischen Klammerschußapparate unterbrechen den Betriebsrundgang immer wieder. Kein Wort ist zu verstehen. Doch der Geschäftsführer wartet geduldig, bis es wieder leiser wird. Am ruhigsten ist es in der Flechterei, wo im Hintergrund ein Radio dudelt und ansonsten nur das Sirren und Summen des Plastikbandes zu hören ist, wie es sich reibt, wenn der Flechtfaden an den Staken vorbeigezogen, um die Rahmenteile gewickelt und schließlich verwoben wird, bis vom hölzernen Grundgerüst nichts mehr zu sehen ist.

An drei Plätzen stehen die Flechter, vor sich, auf Böcke montiert, die Teile, an denen sie gerade arbeiten, konzentriert und mit immer denselben Handbewegungen. Wie menschliche Roboter wirken sie bisweilen, wenn ihnen das Plastikband wie von selbst durch die Hände rauscht, kürzer und kürzer wird, bis wieder ein neuer Anfang gemacht werden muß. Rund 500 Meter des bunten Materials werden für einen Korb verflochten.

Die Flechter schauen kaum auf, automatisch scheinen ihre Hände an der jeweiligen Stelle den richtigen Griff, die entsprechende Bewegung zu vollführen. Langsam wird aus dem Holzrahmen und dem Bündel flirrender, bei jeder Bewegung wackelnder Staken eine Strandkorbhaube. Wen wird sie einmal vor Sonne, Wind und Regen schützen?

In der Schreinerei begegnen uns dann avantgardistische Skulpturen, aufeinandergetürmte Stapel von Fußrasten oder von unter Dampf eigenwillig verbogenen Schichtholzplatten, Türme von Rahmenteilen, an denen später die Sitzpolster festgemacht werden. Diese Materialstöße bilden monotone Muster und abstrakte Gefüge, die nichts ahnen lassen von ihrer Zukunft als Strandkorb.

In der Taucherei stehen sich diese Holzteile dann wie zwei Völker gegenüber, wie Weiß und Schwarz. Auf der einen Seite die bleichen, noch unbehandelten Rohlinge, auf der anderen die dunkleren, bereits mit der Schutzlasur getränkten Elemente, die, wenn sie über Nacht getrocknet sind, als nächstes in die Flechterei gehen.

In der Schlosserei ist gerade Mittagspause. Die Biege-, Stanz- und

Bohrmaschinen ruhen, in Körben und Kisten liegen die produzierten Beschläge, Eisenbänder und Haken, die dem Strandkorb den letzten Halt geben.

Auf dem Weg hinüber in die Polsterei kommen wir am Materiallager mit den Flechtbändern und Staken vorbei, einem Hort der Farben: Grün, blau, weiß, gelb, ocker, beige und rot leuchtet uns die Rohware entgegen. Kombiniert werden kann alles mit jedem.

Das gilt, in der Polsterei, dann auch für die vielen verschiedenfarbigen Stoffe und Muster. Zwischen riesigen Stoffballen rattert eine Nähmaschine, eine Näherin fertigt Nackenrollen und Kissen, schneidet Stoffe und Folien ihrer Verwendung entsprechend zu. „Überzogen wird heutzutage natürlich hauptsächlich mit Plastikfolie", erklärt der Geschäftsführer, „Markisenstoffe werden eigentlich nur bei Privatkörben verwendet. Am öffentlichen Strand würden sie zu schnell verschmutzen, Sonnenöl und Sand sind eine üble Mischung. Da kann ein Strandkorb schon nach ein paar Wochen ausschauen, als hätten Generationen in ihm Platz genommen."

Das individuelle Muster kann man sich aussuchen: Alles so schön bunt hier! Gefragt sind vor allem die einfach gestreiften Sommerdessins, sagt der Geschäftsführer und erzählt, daß in farbpsychologischen Untersuchungen festgestellt wurde, daß gelb-weiß-gestreifter Stoff am entspannendsten sei. Ein gleichmäßiges Muster strahle Ruhe aus, eine Plastikfolie wie die mit dem Fische-Aufdruck („Da wimmelt's wie im Aquarium!") wäre hingegen vermutlich das reinste Gift für die erholungsbedürftige Seele. Also sehen wir künftig die Ferienwelt gestreift: gelb-weiß, rot-weiß, grün-weiß, blau-weiß und so weiter.

Mißverständnisse gibt es, wenn Kunden aus Bayern einen Korb für den Garten bestellen: Er würde dann natürlich den blau-weißen Stoff empfehlen, sagt der Geschäftsführer, „aber immer wieder vergesse ich, daß die bayerischen Nationalfarben in umgekehrter Reihenfolge genannt werden." Einmal meinte sogar ein Kunde am Telefon, blau-weiß wolle er nicht, er suche einen Strandkorb in weißblau. Dann legte er auf.

Nebenan wird getackert und geschraubt: In der Endmontage setzen zwei Mann die Einzelteile zusammen, befestigen die Polster an den Rahmen und sorgen für die letzten Details. Das seitliche Klapptischchen wird angebracht, die Sonnenmarkise montiert. Die beiden Arbeiter bedienen sich aus den um sie herum aufgestellten Gitterkörben, in denen die verschiedenen Strandkorb-Komponenten lagern und sortiert sind. Die Polsterfüllungen liegen in der Halle

Den Faden nicht verlieren: Arbeit an einer Strandkorbhaube mit flirrenden Staken.

nebenan: ein riesiger Haufen Kokosmatten, auf denen Urlauber einmal weich und bequem sitzen sollen.

Nun wird der Strandkorb noch verpackt, je nachdem ob er einzeln, per Spedition oder dutzendweise im Container verschickt wird. Ankommen muß er auf alle Fälle unbeschädigt.

Die meisten Strandkorbfabriken bieten ganz individuell Betriebsführungen an. Wer Lust hat, sollte sich aber vorher telefonisch anmelden (Telefonnummern siehe Seite 163f).

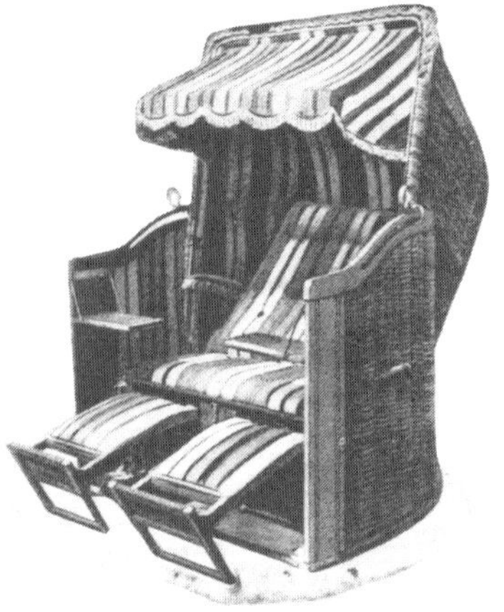

Außenmaße: Höhe ca. 1,80 m
Breite ca. 1,25 m
Tiefe ca. 1,00 m

Nr. 4

Doppel-Liegekorb

für 2 Personen / Verstell- und ausziehbar

Dieser Korb ist der Hauptartikel meiner Fabrikate und wird am meisten gekauft. Er ist als Sitz- und Liegekorb verwendbar. Durch Stellen der gutlaufenden Hebel verwandelt man den Sitzkorb in einen Liegekorb oder auch umgekehrt.

Der Korb ist aus bestem spanischem Rohr geflochten. Das Gestell ist aus Stangenrohr und Holzleisten äußerst stabil verarbeitet. Der Ausschlag ist guter, imprägnierter, indanthren gefärbter Markisenstoff. Sämtliche Beschlagteile sind verzinkt. Außerdem hat der Korb die bekannten Stabilschienen im Dach und Rückenlehne und die gute Bandeisenverarbeitung.

Da infolge der Fußstützen beim Doppellieger die Vorderfront keine **zugfreie Wand** haben kann, habe ich, um auch bei diesem Korb die Füße zu schützen, die zugfreie Wand an der Hinterfront des Unterteils des Korbes angebracht. Die Sache hat zwei Vorteile: 1. schützt sie, wie schon gesagt, die Füße vor Zugluft; 2. schützt sie **die Fußstützen vor Nässe.** Wird auf Wunsch eingebaut. Diese Verbesserung ist patentamtlich geschützt.

Kunststoffgeflecht – beige – Stoff-Nr. 71

Die Körbe sind mit dem schweren Markisenstoff Dralon (imprägniert) ausgeschlagen, haben links einen Seitentisch und zwei ausziehbare Fußstützen.

Sitz, Rücken und Fußstützen sind mit gummierter Kokospolsterung ausgestattet.

Alle Holzteile sind mit einem Holzschutzmittel imprägniert.
Sämtliche Eisenteile sind verzinkt.

Der Strandkorb bietet Schutz gegen:
Wind, Sonne, Regen und unerwünschte Blicke.
Er ist einfach rundum gemütlich.

In 60 Jahren kaum Veränderungen: Strandkorbprospekt aus den dreißiger und neunziger Jahren.

Modellvarianten früher und heute

„ALLGEMEINES
Die Beschlagteile an sämtlichen Modellen sowie Schrauben und Nägel sind verzinkt.

Die Holzteile sind sämtlich aus bester Stammware gefertigt, mit wetterfestem Kaltleim verleimt und mit bestem Leinölfirnis gestrichen.

Die Fußrahmen bzw. Fundamentrahmen sind nicht wie früher genagelt, sondern durch Bandeisenbeschlag zu einem festen Fundament zusammen gearbeitet und mit Karbolineum gegen Fäulnis imprägniert.

Das Rohr ist ein gutes, spanisches Rohr.

Der Ausschlag ist ein guter, imprägnierter, indanthren gefärbter Markisenstoff in allen gangbaren Farben.

Die Flechtung der Körbe geschieht nur von guten Fachleuten."

So stand es im Prospekt, den Carl Martin Harder Mitte der dreißiger Jahre für die Produkte seiner Heringsdorfer Strandkorbfabrikation herausgab. Vergleicht man die Angaben mit heutigen Broschüren und läßt sich von der inzwischen natürlich altmodisch klingenden Sprache nicht ablenken, so fällt kein wesentlicher Unterschied ins Gewicht.

Im Prospekt der Möllner Firma Eggers ist Mitte der neunziger Jahre zu lesen:

„Doppelsitziger Sitz- und Liegekorb; ausgeschlagen mit imprägniertem Markisenstoff oder Plastikfolie. Verstellbare Haube. (Bei Liegemodellen bis zur waagrechten Liegefläche). Zwei ausziehbare Fußrasten. Ein Seitentisch. Fußrasten, Sitz und Rücken mit Gummikokospolsterung ausgestattet. Sämtliche Holzteile mit Holzschutzmittel imprägniert. Sämtliche Eisenteile sind verzinkt."

Carl Martin Harder bot in den dreißiger Jahren verschiedene Modellvarianten an, neben dem luxuriösen Doppel-Liegekorb auch einen reinen Sitzkorb und das billigste Modell, einen Zeltkorb für zwei Personen. Der war nicht geflochten, sondern nur mit imprägniertem, gefärbtem Markisenstoff bezogen.

Ein billiger Korb dieser Art hat in den dreißiger Jahren etwa 35,– bis 40,– Reichsmark gekostet, ein aufwendiger Doppelliegekorb etwa das Doppelte, also 70,– bis 80,– Reichsmark.

Die günstigsten Körbe heutzutage kosten etwa 1200,– DM, ausgesprochene Luxuskörbe über 10 000,– DM.

Abgesehen von Ausstattungsvarianten haben sich vor allem zwei Strandkorb-Grundformen durchgesetzt: Die eine erkennt man an den geschwungenen Seitenteilen und der leicht gerundeten Haubenform (‚Klassischer Korb'), die andere hat rechtwinklig-gerade Seitenteile und eine eckige Haube (‚Syltkorb').

Der Syltkorb ist meist teurer, weil in der Regel gut gelagerte Edelhölzer verarbeitet werden.

Als preiswerte Alternative zu den Geflechtkörben bieten manche Hersteller Ganzholzkörbe aus mehrschichtverleimten Hölzern an.

In Zeiten, in denen es auch für Kinder fast alles zu kaufen gibt, blieb der Mini-Strandkorb natürlich nicht aus. Er kostet um die 500,– DM und ist nicht verstellbar, ansonsten aber verarbeitet wie der große Bruder und bei Kindern natürlich ein Hit.

Von diesem Mini-Modell der neunziger Jahre einmal abgesehen haben sich Konzeption, Ausstattung und Präsentation der Körbe in rund siebzig Jahren kaum gewandelt. Das spricht für den frühzeitig hohen Entwicklungsstand des Produkts, andererseits ist es ein sicheres Zeichen dafür, daß Strandkorbhersteller und -vermieter jeglichen Wandel scheuen. Die Frage nach Neuerungen ist der Branche unverständlich: „Wieso etwas ändern, wir verkaufen doch unsere Strandkörbe!"

Wird der Korb, eine Art Dinosaurier des Strandlebens, also irgendwann und überraschend aussterben wie die Ungetüme der Urzeit? Wird ihm früher oder später das Schicksal schlagen? Wird die Zeit ihn dann endgültig überholt haben?

Andererseits hat der Strandkorb bisher zwei Weltkriege, eine soziale, mehrere industrielle und die innerdeutsche Revolution unbeschadet überstanden als eine Art anachronistischer Dauer-Sitz.

Und auch das Einzelexemplar hat für einen Gebrauchsgegenstand im Freien eine ungewöhnlich hohe Lebensdauer: 30 Jahre sind ohne weiteres erreichbar.

Rechte Seite: Klein, aber fein – Kinderstrandkorb als beliebte Behausung für den Nachwuchs bis 10 Jahre.

Alu statt Holz

Befragte man Strandkorbvermieter in den siebziger Jahren, mit welchen Neuerungen denn in Zukunft zu rechnen sei, so winkten sie meist ab und meinten, allenfalls werde das Grundgerüst irgendwann einmal aus Aluminium gefertigt. Aluminium sei leichter, langlebig und fast wartungsfrei, dabei absolut stabil.

Zwar gibt es inzwischen tatsächlich die serienmäßige Herstellung von Strandkörben aus Aluminium (Sonnenpartner Garten-Strandkörbe, Modell „Präsident-Alu“) und die Langlebigkeit dürfte wohl tatsächlich kaum zu übertreffen sein, aber der Alu-Korb ist teuer, er kostet über 4000,– DM, und kommt man als Benutzer mit dem Material in Berührung (kälter als Holz) ist das unangenehm.

Man muß kein Prophet sein, um vorauszusagen, daß der Alu-Strandkorb keine große Zukunft haben, allenfalls als Randerscheinung in die Strandkorb-Historie eingehen wird. Um ihn für die massenhafte Vermietung an deutschen Küsten einsetzen zu können, ist er im Preis zu hoch, und es fehlt ihm vor allem die gemütliche Ausstrahlung seines Bruders aus Holz.

Der Mercedes unter den Strandkörben

Basteln wir uns einen Luxus-Strandkorb: Natürlich sollte er aus den allerbesten Materialien hergestellt werden, das Grundgestell etwa aus Edelhölzern wie Meranti und Palapi von javanischen Plantagen.

Die Rahmenleisten werden selbstverständlich nicht geschraubt, genagelt oder getackert, sondern über Nut- und Feder-Verbindungen mit wasserfestem Leim zusammengesetzt. Überhaupt wäre dieser Strandkorb, um den Sitzkomfort zu erhöhen, etwas breiter als die üblichen Zweisitzer und auch Details wie die herausziehbaren Fußstützen, die beiden Seitentischchen und die Armlehnen (wegklappbar) würden großzügiger dimensioniert. Über einen mechanisch aufwendigen Federzug oder sogar einen Liftomat mit Gasdruckfederung könnte man den Strandkorb ohne jegliche Kraftanstrengung bis in die absolut waagrechte Liegeposition verstellen und wieder zurück.

Für das Rohrgeflecht wählen wir einen besonders widerstandsfähigen Rattan-Ableger, der in Indonesien vorgeflochten wird, weil es in Europa keine Korbmacher mehr gibt, die dieses sehr schwer zu verarbeitende Rohr noch handhaben könnten. Drei Tage Arbeitszeit rechnet man allein für die Flechtarbeiten.

Die Beschläge sind nicht aus verzinktem Stahl, sondern aus Messing. Als Bezugstoff nehmen wir Leinen auf der einen und einen strapazierfähigen, abwaschbaren Stoff auf der anderen Seite des besonders dick gepolsterten Wendekissens.

Keine Frage, das kann noch nicht alles gewesen sein!

Die exklusiven Feinheiten für den wahren Liebhaber kommen erst: Ein aufklappbares Kühlfach in der Mitte der Sitzbank beherbergt zwei Gläser und eine Flasche Champagner. Kleine seitliche Fenster und ein rückwärtiges Bullauge in der Haube sorgen für freie Sicht in alle Richtungen. Zwei Halogenstrahler im Haubenhimmel beleuchten bei bereits untergehender Sonne die Lektüre und sorgen mit ihrem gelb-warmen Ton für eine behagliche Atmosphäre. Die elektronisch-digitale Wetterwarte befindet sich links in der Seitenwand in Augenhöhe: Dort können Temperatur, Feuchtigkeit, Luftdruck und Vorhersage für die nächsten zwei Tage abgerufen werden.

Eingebaute Stereolautsprecher samt Radio und CD-Player gehören genauso zur Luxusausstattung wie ein in den Staufächern der herausziehbaren Fußstützen untergebrachtes Picknickgeschirr (aus Porzellan) samt Silberbesteck für zwei Personen. Fehlt noch was?

Ein kleiner Heizstrahler am oberen Abschluß der Haube wärmt den Strandkorbbenutzer an kalten Tagen und beheizt die dann gemütliche Kuschelecke ausreichend.

Natürlich ist dieser Luxuskorb eine Vision und er würde vermutlich fast soviel kosten wie ein Kleinwagen. Andererseits sind fast alle genannten Details bereits verwirklicht worden: Exklusive Hersteller verwenden tatsächlich das in Indonesien vorgeflochtene Rattanrohr; Edelhölzer werden bei den etwas nobleren Sylt-Strandkörben verwendet, ebenso wie Messingbeschläge; eingebaute Stereoanlage, Leselampen oder Kühlbox gibt es gegen Aufpreis; seitliche Fenster wurden schon in den dreißiger Jahren in Luxusmodelle eingebaut; und Wendekissen bzw. besonders dicke Polsterungen fertigt jeder Hersteller auf Wunsch, sofern er sie nicht sowieso im Programm hat.

Wera Schardt auf Sylt, gerne „Mutter der Strandkörbe" genannt, ist bekannt für die Produktion von solch' luxuriösen Körben. In ihrem Familienunternehmen am Rantumer Hafen hat der Kunde die Qual der Wahl, „unseren Qualitätsnamen setzen wir nie aufs Spiel", sagt die Chefin und erklärt, „Massenabfertigung hasse ich wie die Pest."

Beliefert werden hauptsächlich Privatkunden, Rantumer Strandkörbe stehen zu Hause bei Karl Lagerfeld und Ex-Bundespräsident Richard von Weizsäcker, verströmen Luxus und Wohlbehagen von Sylt über die Schweiz bis nach Fernost, werden als begehrtes Souvenir rund um den Globus gejettet oder verschifft.

Doch was macht man mit dem Luxuskorb? Ihn an einen öffentlichen Strand zu stellen, wäre unvernünftig! Läßt man ihn also, wie den Nobelschlitten, in der Garage stehen? Oder ersetzt dieser Strandkorb die Designercouch im Wohnzimmer?

Meist steht er wohl am Pool im Garten oder am Privatstrand: Wer kann, der kann!

WIEDERVEREINIGUNG AN DER WASSERFRONT

Knapp fünf Jahre nach der Wende erschien im Mai 1994 das MERIAN-Heft „Deutsche Ostseeküste", das wenig vom schleswig-holsteinischen Anteil der Ostsee berichtet, sondern hauptsächlich vom Badeleben in den neuen Bundesländern. Gut ein Jahr zuvor, im Juni 1993, war das aktuelle MERIAN-Heft „Schleswig-Holstein" in den Buch- und Zeitschriftenhandel gekommen.

Wie selbstverständlich zieren Strandkörbe die Titelblätter beider Ausgaben. Einmal ist es ein Foto, das auf der Insel Nordstrand gemacht wurde, ein grünes Idyll mit Schafen vor dem Deich; das andere Mal ist es eine Aufnahme, die auf Usedom entstand und die die neue Seebrücke von Ahlbeck zeigt. Es wurde also sowohl für West- wie für Ostdeutschland der Strandkorb als Blickfang gewählt.

Innerhalb der MERIAN-Hefte taucht er aber nur mehr an der „Deutschen Ostseeküste" auf, nicht hingegen in der „Schleswig-Holstein"-Ausgabe. Das hat, vielleicht ja unbewußt, mit der unleugbaren Tatsache zu tun, daß die Wiege des deutschen Strandkorbes tatsächlich in Mecklenburg und Vorpommern stand.

Die vor dem Zweiten Weltkrieg maßgeblichen Betriebe fabrizierten in Rostock und in Heringsdorf, und überhaupt hat man längst vergessen, daß die populärsten Badeorte Deutschlands einmal Swinemünde, Ahlbeck, Heringsdorf, Binz, Saßnitz, Warnemünde, Heiligendamm sowie Arendsee & Brunshaupten (heute: Kühlungsborn) hießen und nicht Timmendorfer Strand, Travemünde, Grömitz, Westerland, Wyk auf Föhr oder St. Peter-Ording.

Nachfahren des ersten Strandkorb-Flechters an der Ostsee, des Rostocker Tüftlers und Hofkorbmachers Wilhelm Bartelmann, betreiben seit Ostern 1995 in Kühlungsborn das einzige Hotel Deutschlands, das sich wohl zu Recht mit dem Namen „Zum Strandkorb" schmücken darf. Zwar schläft man nicht in Strandkörben, aber der Eingangsbereich wird von einer übergroßen Strandkorb-Sonnenmarkise überwölbt, ein Nachbau des ersten Ostsee-Strandkorbes von Meister Bartelmann ist zu bewundern und das Frühstück holt man sich gewissermaßen aus dem Strandkorb, einem Büffet in entsprechender Form.

An der Ostsee

„Anderthalb Millionen in den Jahresurlaub Entlassene verteilen sich von Mai bis Oktober über die Strände der Ostseeküste. Sie legen ab, was sie mitgebracht haben, in besonderen Reservaten ziehen sie alles aus, und nur die Bademeister, Strandwächter und gelegentlich Polizei bleiben an ihrer Kleidung erkennbar. Dann mieten die Urlauber Strandkörbe, die in Heringsdorf geflochten und zu Saisonbeginn mit Pferdewagen und Handkarren an den Strand gebracht werden. Die Badegäste legen sich so, daß sie die Sonne im Auge behalten können. Das Recht auf einen Strandkorb ist ein heiliges Recht, Eindringlinge werden vertrieben, und böse Rede geht ihnen nach. Es gibt Strandkörbe, die abends mit Schloß und Riegel zugesperrt werden, daß sie aussehen wie eine Strandtoilette. Die Kunst, einen solchen Korb aufzubrechen, gehört zur besonderen Fingerfertigkeit von Liebespärchen. Andere verschanzen sich hinter aufgespannter Leinwand, kreisen sich ein gegen Sicht und Wind; besonders Naturverbundene bauen sich einen Kral dort, wo das Meer im Winter vorgesorgt hat und blankgeschälte Äste, Strauchwerk, Tang und Kistenholz liefert, das den Schiffen unterwegs ins Wasser fällt und an Land gespült wird von der langen Geduld der Wellen. [...]

Nebel und Nässe haben heute die Badegäste vertrieben. Zurückgelassen wurden achtlos aufgestellte Strandkörbe – ausgeraubte Muschelschalen. Das Meer hat über Nacht Tang ans Ufer geschleudert. Zerspellte Kistendeckel, die wieder Natur werden, liegen umher

Eines der populärsten Seebäder nach der Jahrhundertwende: Ahlbeck auf der Insel Usedom, der ‚Badewanne' der Berliner.

neben Resten von Plastetüten, die Plastetütenreste bleiben. Fremde Zeugnisse einer abwesenden Menschheit, nicht mehr erkennbare Rudimente des Badezubehörs, wie von Yves Tanguy für ein surreales Stilleben ausgestreut. Ein einzelner Strandläufer betrachtet die Wellen, bestreicht sich dann andächtig Brust und Achselhöhlen mit Wasser und rennt wie verfolgt ins Meer. Eine Möwenkette erhebt sich, indes die Spaziergänger auf der Promenade den Kragen hochschlagen und zusehen, wie der Mann im Wasser allmählich kleiner wird."

Liest man in diesem Klassiker der ostdeutschen Reiseliteratur, in Fritz Rudolf Fries' „An der Ostsee" (erstmals 1973 veröffentlicht unter dem Titel „Seestücke"), so merkt man prompt, daß die deutsch-deutsche Wiedervereinigung an Deutschlands Küsten wohl die geringsten Probleme bereitete.

Die Badesitten erscheinen als die gleichen, ob nun Eindringlinge vertrieben, die Strandkörbe abends verschlossen oder Burgen gebaut werden. Steht der Deutsche erst mal nackt am Strand, allenfalls im Badeanzug respektive in der Badehose, gibt es keine Wessis und keine Ossis mehr, sondern lediglich den Sommerfrischler und Erholungsuchenden. Hätte die Wende nur hier stattgefunden, an der Wasserfront, wären jegliche Animositäten und Bekümmernisse vermutlich längst vergessen. Bekanntlich war es nicht so,und daher rührt heute noch der Streit – nicht zuletzt um die besseren Strandkörbe.

Einen Korb bekommen

„Willy Trautmann ist sich sicher, daß die Heringsdorfer bei ihm abgekupfert haben: ‚Die im Ostseebad gefertigten Körbe kommen mir doch sehr bekannt vor.'"

So wurde im Frühjahr 1993, vier Jahre nach der Wende, der Strandkorbfabrikant aus Rantum in den „Sylter Nachrichten" zitiert. Hintergrund des Berichtes war die Klage, daß die Hersteller vor Ort unter den Dumping-Preisen der Konkurrenz aus Mecklenburg-Vorpommern zu leiden hätten und die meisten Sylt-Urlauber inzwischen in Ost-Körben säßen, ohne es zu merken. „Ein Unding!", wurde ein anderer ortsansässiger Hersteller zitiert.

Allerdings wird in dem Artikel berichtet, daß die Sylter Strandkorberzeuger sowieso hauptsächlich an Privatkunden liefern bzw. exportieren würden und somit auf öffentliche Aufträge der Sylter Kurverwaltungen gar nicht angewiesen wären bzw. noch nicht mal die Kapazitäten dafür hätten.

Was nun also?

Offensichtlich sollte publizistisch Stimmung gemacht werden – gegen die angeblich subventionierten Strandkörbe der Ostfabrik und für die Wirtschaft vor der eigenen Haustür: Journalismus auf Stammtischniveau.

Prompt antwortete Mathias Fromholz, Geschäftsführer und Eigentümer der Heringsdorfer Strandkorbfabrik, in einem Schreiben an die „Sylter Nachrichten": „Hier im Seebad Heringsdorf befindet sich die älteste Strandkorbfertigung Deutschlands, die sich seit 1990 mit ihren Produkten im freien Wettbewerb mit westdeutschen Herstellern erneut auf dem Gesamtdeutschen Markt bewegen darf. Davor hat der ehemalige Außenhandel der DDR jedes Jahr mit 2000 Stück Strandkörben zu Spottpreisen die alte BRD geflutet.

Nun dürfen wir jedoch ohne staatliche Diktatur verteilen, produzieren und verkaufen. Die ‚Treuhandzeit' ist für uns auch vorbei und von Subventionen kann keine Rede sein. Mein Unternehmen hat auch keine bekommen, es sei denn, man meint Liquiditäts- und Sozialplankredite für ca. 200 entlassene Mitarbeiter, die zur marktwirtschaftlichen Anpassung des Unternehmens notwendig waren.

Seit 1992 sind wir jedoch in der glücklichen Lage, auch größere Aufträge der Sylter Kommunen nach Wunsch kostendeckend zu fertigen."

Das mag richtig sein. Paradox ist es trotzdem, daß die Strand-

Oben: Ort mit Tradition – aufgestapelte Gestelle in Heringsdorf an der alten Produktionshalle. Unten: Heringsdorfer Modelle – ‚Typ DDR-Platte' (alt) und ‚Typ gesamtdeutsch' (neu).

körbe an den Sylter Stränden von einem rund 700 Kilometer entfernten Hersteller geliefert werden und die Erzeuger vor Ort ihre Produkte in alle Welt verschicken, aber kaum etwas vor der eigenen Haustür verkaufen.

Von der Plan- zur Marktwirtschaft

Mathias Fromholz hatte 1974 beim ‚VEB Korb- und Flechtwaren Heringsdorf' als Produktionsarbeiter begonnen, war später für den Bereich Beschaffung tätig. „Ich selbst hab' die Strandkörbe für den Westen mit verladen", erzählt er, „ein bißchen komisch war das schon, irgendwie anonym."

In den Zeiten der Planwirtschaft wurden in Heringsdorf so viele Strandkörbe produziert wie nie zuvor und wohl auch nie mehr danach, rund 5000 Stück pro Jahr müssen es gewesen sein. Etwa die Hälfte davon ging direkt an die DDR-Kurverwaltungen und Ferienheime, die regelmäßig ein gewisses Kontingent Körbe bestellten, ein kleiner Teil wurde privat verkauft und rund 2000 Strandkörbe wurden über den volkseigenen Außenhandelsbetrieb ‚Holz & Papier' zu Dumpingpreisen an westdeutsche Verbrauchermärkte verscherbelt. Die Preisgestaltung kann, wie so vieles innerhalb der kommunistischen Wirtschaftspolitik, als abenteuerlich bezeichnet werden: Ein DDR-Strandkorb kostete in den achtziger Jahren 1070,– Ost-Mark. Der hohe Betrag wurde aber vom Staat abgefangen, sprich: gestützt, und so kostete das volkseigene Ferienmöbel den Kunden tatsächlich nur 408,– Ost-Mark, was etwa dem halben Monatsverdienst eines Arbeiters entsprach. Nun mußte ein DDR-Bürger, der sich einen Strandkorb kaufen wollte, eine lange Wartezeit in Kauf nehmen, wie bei allen begehrten Artikeln so üblich. Die Heringsdorfer Strandkorbbauer hatten ihre Bestellbücher kurz vor der Wende schon über das Jahr 2000 hinaus gefüllt.

Wer also einen Korb über die DDR-Sportwarenläden angefordert hatte, mußte solange warten, weil ja ein Großteil der Produktion in den ‚feindlichen' Westen ging. Im Export kostete der DDR-Strandkorb plötzlich nur mehr 140,– Mark, allerdings in Westwährung. Mehr konnte man für die qualitativ unterlegenen Ost-Körbe im Kapitalismus kaum rausschlagen. Doch der Schleuderpreis erklärt sich auch durch den relativen Wert der Devisen: Mit dem im Westen verdienten Geld kaufte der DDR-Außenhandel zum Beispiel West-Schokolade, die er dann zu kräftig erhöhten Preisen in den exklusiven Intershops gewinnbringend weiterverkaufte, an die eigenen Leute natürlich. So durfte dank der Export-Strandkörbe der teuren Lust auf Süßigkeiten gefrönt werden, und der Staat konnte sich unter dem Strich die Stützung der heimischen Planwirtschaft leisten.

Im Westen standen die DDR-Körbe dann in Bau-, Verbraucher-

und Supermärkten und wurden für nur rund 400,– DM verkauft. Was manchen erbosten, deutschen Hersteller zu dem Kommentar veranlaßte: „Und schon nach einem halben Jahr kannste die in die Tonne kloppen!"

Heute sind die alten DDR-Strandkörbe in Plattenbauweise und den knalligen bis pastellenen Farben schon wieder, wie etwa auch der Trabant, ein Sammler- und Liebhaberstück. Sie werden von der Heringsdorfer Fabrik aufgekauft, renoviert und als Gebrauchtkörbe für rund 500,– DM angeboten.

Mathias Fromholz und seine Kollegin Magrit Dittberner übernahmen das Strandkorbwerk im April 1990 für die Treuhand und reprivatisierten bzw. kauften das Unternehmen dann im Dezember 1992. Die Umstellung von der Plan- auf die Marktwirtschaft war, wie fast überall, radikal. Unmittelbar vor der Wende hatten etwa noch 250 Leute für die Korbmöbelfabrik gearbeitet, zu Spitzenzeiten der Planwirtschaft waren es bis zu 500 gewesen, inzwischen hat man rund 30 Angestellte und produziert um die 3000 Strandkörbe pro Jahr. Neue Produktionshallen wurden gebaut und sogar der Kanzler kam: Helmut Kohl besuchte die ‚Korb GmbH Seebad Heringsdorf' im August 1994 und bekam einen Ministrandkorb ge-

Hergestellt in Heringsdorf – originelles Strandkorb-Frühstücksbüffet für das Hotel „Zum Strandkorb" in Kühlungsborn.

Ost-Visite: Helmut Kohl 1994 in Heringsdorf mit Modell-Strandkorb.

schenkt, vermutlich als Symbol für sein Aussitzen von Regierungskrisen.

An einer Wand der traditionsreichen Heringsdorfer Firma hängt der Spruch: „Verflochtene Ruten ein Ganzes ergeben. Ganzes wir stetig erstreben. Verflechtet die Menschheit zum friedlichen Leben."

Die Auseinandersetzung mit den „Sylter Nachrichten" und den Kollegen auf der Nordseeinsel im Sommer 1993 empfindet Mathias Fromholz nicht mehr als weltbewegend: Das sogenannte ‚Sylter Modell' werde schließlich von einigen Herstellern nachgebaut, und zur freien Marktwirtschaft gehöre einfach auch die Konkurrenz.

Zwischen Boltenhagen und Ahlbeck

Wer über die Ostseestrände der ehemaligen DDR wandelt, vom ehedem grenznächsten Seebad Boltenhagen (östlich der Redewischer Steilküste) über Warnemünde, Binz auf Rügen bis zum auf der Insel Usedom gelegenen Seebad Ahlbeck (fast 1500 Kilometer Küste), der flaniert durch ein Freiluftmuseum der gesamtdeutschen Strandkorbgeschichte nach 1945. An den Küsten Mecklenburg-Vorpommerns finden sich noch alte DDR-Rohrkörbe aus der Zeit vor 1960, danach wurde ja aus Materialmangel auf die Plattenbauweise umgestellt. Es finden sich neue Körbe von den beiden größten deutschen Herstellern, der ‚Korb GmbH Seebad Heringsdorf' und des Familienunternehmens Eggers aus Mölln. Und es steht da, in nur mehr wenigen Exemplaren, das zweite Modell ‚DDR Platte', der legendäre und total zerlegbare Strandkorb aus Rhena. Der wurde vor allem an Privatkunden verkauft, die sich ein transportables Freizeitmöbel wünschten, welches aber nur so groß sein durfte, daß es noch auf das Dach oder in den Kofferraum eines Trabants paßte.

Im alten Prospekt der PGH „Bau" steht: „Der Rehnaer zerlegbare Strandkorb bietet ihnen große Vorteile sowohl bei der Unterbringung in den langen Wintermonaten als auch beim Transport zum jeweils bevorzugten Standort.

In den Ruhemonaten läßt er sich bequem in Wohnwagen, Bungalow oder anderen kleinen Abstellräumen unterbringen und erspart Ihnen infolge seiner Zerlegbarkeit gegenüber den herkömmlichen Körben viel Platz und Unterbringungsgebühren.

Die Verwendungsmöglichkeiten unseres zerlegbaren Strandkorbes sind vielfältig, denn er kann überall dort, wo Sie Erholung und Entspannung suchen, aufgestellt werden, sei es an der Ostsee, an einem Binnengewässer, im Garten oder auch auf dem Campingplatz.

Nach jedem Ort läßt er sich bequem und leicht im Kombiwagen transportieren und aufstellen."

In insgesamt sechs Schritten wird der Rehnaer Strandkorb aufgebaut und in der Anleitung wird noch „empfohlen, bei längerer Lagerung die Schrauben in Altöl zu legen und die Einlaßmutter und Scharniere einzufetten." Diese Mischung aus dem Wunsch nach langer Haltbarkeit und dem gleichzeitigen Nutzen von Altstoffen war durchaus DDR-typisch.

Der Rhenaer Strandkorb kann bis heute als ausgesprochen pfiffige

Total zerlegbar – der vielseitige Strandkorb der PGH „Bau" in Rehna.

Entwicklung betrachtet werden: Ein vorne an den Seitenteilen in Scharnieren lagernder Tisch über die ganze Strandkorbbreite kann nämlich auch als Fußbank verwendet werden. Er wird einfach, mit wenigen Handgriffen, heruntergeklappt: Wenn man im Strandkorb aufrecht sitzt, hat man eine recht geräumige und stabile Platte vor sich, bevorzugt man die Liegestellung, können auch die Füße bequem ruhen. Wer also an den Stränden Mecklenburg-Vorpommerns unterwegs ist, sollte sich einmal in einem Rhenaer Korb niederlassen, auch wenn der Strandkorbvermieter einen ratlos mustern wird, was für einen merkwürdigen Wunsch man da vorbringt.

Die Besitzergreifung eines DDR-Strandkorbes kann dabei für den west-verwöhnten Urlauber durchaus ernüchternd sein. Die Polsterung ist dünn, verwendet wurde zu Zeiten der Planwirtschaft meist Holzwolle statt Schaumstoff, und wer eine Vorliebe für eine gewisse Einheitlichkeit pflegt, wird bitter enttäuscht. Mit bis zu acht verschiedenen Stoffresten sind die Ex-DDR-Strandkörbe inzwischen an Seitenteilen und Polstern bezogen, weil immer wieder das Material fehlte. So nahm man, was zu kriegen war, und sei es aus der Kiste mit den Überbleibseln. Man muß sich entscheiden, ob man dieses bizarre Kuddelmuddel des Designs schätzen lernen will oder ob man die Uniformität neuer Modelle vorzieht.

Viel Strandkorb für wenig Geld

Ein Urlauber mußte in der DDR zuletzt meist weniger als 2,– Ost-Mark für einen Strandkorb pro Tag zahlen. Bei wochenweiser Vermietung war der Preis noch günstiger.

Heutzutage werden zwischen 7,– und 14,– DM verlangt, je nach Modell und Standort.

Strandkörbe konnte man entweder direkt über die FDGB-Ferienorganisationen pachten oder über Privatleute. Die vermieteten meist auch Zimmer und besaßen zwischen zehn und zwanzig Körbe, um so ihren Hausgästen die entsprechenden Sitzplätze am Meer bieten zu können.

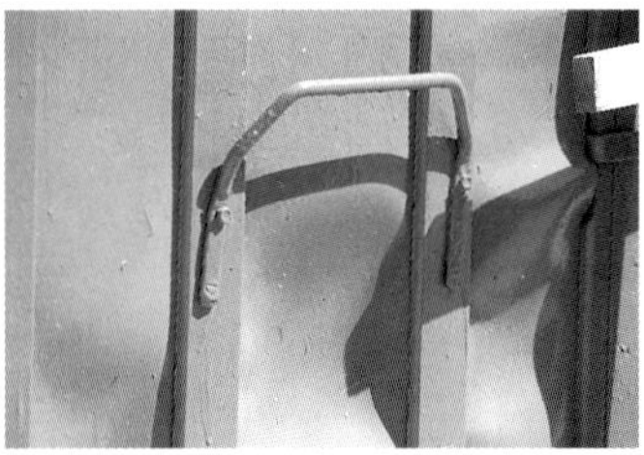

Auch nach der Wende wurde diese Praxis in Mecklenburg-Vorpommern beibehalten, Pensionen und Gasthäuser in den Seebädern dürfen nach wie vor gegen eine geringe Gebühr Strandkörbe aufstellen. Daneben existieren die kommerziellen Großvermieter, an der Ostseeküste allerdings meist private Unternehmer und kaum Kurverwaltungen.

Die Gemeinden beherrschen hingegen in vielen Nordseebädern das Geschäft mit der Vermietung. In mondänen Urlaubsorten werden zu Spitzen-Ferienzeiten schon mal bis zu 20,– DM pro Korb und Tag verlangt. Die Durchschnittspreise liegen bei 12,– bis 17,– DM.

„Diese eigentümlich bergenden Sitzhäuschen“

„Die Badekutschen, die Droschken der Nordsee, werden hier nur bis ans Wasser geschoben“, schrieb Heinrich Heine in sein Reisetagebuch, „und bestehen meistens aus viereckigen Holzgestellen, mit steifem Leinen überzogen. Jetzt, für die Winterzeit, stehen sie im Konversationssaale und führen dort gewiß ebenso hölzerne und steifleinene Gespräche, wie die vornehme Welt, die noch unlängst dort verkehrte.“

Badekarren, auch die Existenz eines Damen- und eines Herrenbades, erwähnt der Autor, kein Wort aber von Strandkörben. Das war 1826 auf Norderney.

Die erste bekannte literarische Würdigung der Stühle am Meer findet sich in einem Brief, den Theodor Fontane, wie sein reisender Kollege Heinrich Heine auf der vielbesuchten Nordseeinsel weilend, am 12. August 1882 an seine Frau Emilie schrieb:

„Vom Kurhause ging ich an den Strand und dämmerte so von Bank zu Bank. Als ich an der Hauptstelle war, wo viele hunderte von Korbhütten stehen, in denen man die Strandluft genießt, fühlte ich mich von hinten her gepackt, und der kleine jüdische Malerprofessor Michael stand vor mir ... Er schleppte mich bis an seine Korbhütte, wo ich nun der Frau Professorin und ihrem 19jährigen Sohne ... vorgestellt wurde.“

Strandkörbe sind sicherlich kein vordringliches Motiv der Weltliteratur, und auch die heimischen Autoren haben dieses Freizeitmöbel nicht gerade zum literarischen Ort gemacht, es fehlt einfach noch der bahnbrechende, der grundsätzliche Strandkorb-Roman; ein wenig wurde das Sofa am Meer trotzdem zum Ort, an dem die Muse küßt, an dem ein gewisser genius loci den Reisenden umfängt. Das hat, ehrlicherweise, mehr mit dem Meer zu tun als mit dem Strandkorb selbst, aber dieser bietet eben in der Regel den freien Blick dorthin. Man sitzt in der ersten Reihe und fühlt bekanntermaßen Meer: „Ich liebe das Meer wie meine Seele“, schrieb Heinrich Heine 1826, „oft wird mir sogar zumute, als sei das Meer eigentlich meine Seele selbst; und wie es im Meere verborgene Wasserpflanzen gibt, die nur im Augenblick des Aufblühens an dessen Oberfläche heraufschwimmen und im Augenblick des Verblühens wieder hinabtauchen, so kommen zuweilen wunderbare Blumenbilder heraufgeschwommen aus der Tiefe meiner Seele und duften und leuchten und verschwinden wieder."

Wie Heine suchten, als die Strandkörbe erst einmal etabliert waren, viele das Meer und stießen, wie 1922 zum Beispiel Kurt Tucholsky, auf dieses hier:

„Die Ostseewirte sind aus langem Winterschlaf erwacht und recken faul die gewaltigen Glieder. Langsam kriechen sie aus den wärmenden Speckhüllen, die sie in der rauhen Jahreszeit vor den Unbilden des unwirschen Klimas geschützt haben, die Fenster fliegen auf, und in riesigen Schwaden entweicht ein trüber Grogdunst in den hellblauen Frühlingshimmel. Kräftige Fäuste packen die Stoffüberzüge, mit denen Winters die Wälder zugedeckt werden, zerren daran und reißen sie herunter; die jubelnde Jugend reinigt den Strand und schüttet frischen Sand als Streu für die zu erwartenden Kurgäste auf. Saisonbeginn!

Die fleißigen Gemeindeväter treten zu ernster Beratung zusammen: gilt es doch, die Kurtaxe mit Rücksicht auf den Ernst der Zeit um das Dreifache zu erhöhen und den lieben Gästen das Leben im Ort so angenehm wie möglich zu gestalten. Nachdem noch rasch der Mindestpreis für das Zimmer mit voller Pension (Mittagessen mit einbegriffen; Beleuchtung, Bewässerung, Bedienung und Beschlafung extra) auf 410 Mark festgesetzt worden ist, eilen die wetterfesten Männer an die Arbeit.

Da heißt es, angeschwemmte Strandgutplanken zum Familienbad zusammenzuzimmern, Strandkörbe werden ausgebessert, ja, ein luxuriöser Badeort, dessen Name hier nicht genannt sein soll, trägt sich bestem Vernehmen nach mit der Absicht, einen Rettungsring anzuschaffen. Er soll Ende August eintreffen. Der Strand wird rasch von Quallen und Tang befreit und beides vor die einzelnen Häuser ausgebreitet, zwecks Herstellung der ff. Seeluft.

... Auf den Dünen werden die Polizeiverordnungsschilder neu angepinselt: ‚Das Betreten der Dünen und das Außreißen derselben ist streng untersagt. Königl. Preuß. Hafenamt. 14. Juli 1876.' (Wie habe ich immer die Leute beneidet, die am 13. Juli 1876 da gebadet haben! Die durften noch!)"

Das Seeklima hatte Kurt Tucholsky, der als Kind viele Sommerferien an den Stränden Mecklenburgs verbrachte, offensichtlich angeregt (satirisches Reizklima!), den in den zwanziger Jahren aufblühenden Fremdenverkehr mit Hohn und Spott zu übergießen. Doch wie Heine trieb auch ihn die Sehnsucht ans Meer, das

Verlangen nach Freiheit, nach Natur und der inneren Mitte, das selbst im „ausgebesserten Strandkorb“ nun mal eher zu stillen war als in den ausufernd großen Städten wie Berlin oder Hamburg.

Den hier zitierten Artikel, der mit dem berühmten Ausruf „Hiermit erkläre ich die Ostsee für eröffnet!“ endet, schrieb Kurt Tucholsky im Frühjahr 1922 unter dem Pseudonym Peter Panter für die Weltbühne und natürlich sind diese Zeilen, trotz aller Ironie, eine Liebeserklärung an das große Wasser seiner Kindheit.

Ein einfaches Zimmer war damals noch für 1,25 Mark zu haben. Von wegen „410 Mark“. Und „Beschlafung extra“!

Auch der 1875 in Lübeck geborene Thomas Mann konnte sich zeitlebens nie freischwimmen vom großen Wasser seiner Kindheit, die Ferien hatte er meist im nahen Travemünde verbracht, dem zweitältesten Kurbad an der Ostsee, aber mehr noch als bei allen anderen Schriftstellern, die an der Ostsee logierten und sich so inspirierten (etwa Maxim Gorki, Uwe Johnson, Gerhart Hauptmann), gerann bei Mann das Meer zu metaphysischer Fasson. Und heftiger als alle anderen Autoren liebte Thomas Mann den Strandkorb, „jenes eigentümlich bergende Sitzhäuschen“, wie er ihn liebevoll und mystisch zugleich umschrieb, als einen Ort, so klingt es, der uns in seinem Inneren ein Geheimnis offenbaren und Verborgenes zurück ans Licht bringen kann: Im Strandkorb sitzend oder an den Strandkorb gelehnt, dabei zwischendurch immer wieder das faszinierende Meer betrachtend, arbeitete Thomas Mann am liebsten. In dem 1926 gehaltenen Vortrag „Lübeck als geistige Lebensform“ heißt es:

„Da ist das Meer, die Ostsee, deren der Knabe zuerst in Travemünde ansichtig wurde, dem Travemünde vor vierzig Jahren mit dem biedermeierlichen alten Kurhaus, den Schweizerhäusern und dem Musiktempel ..., auf dessen Stufen, im sommerlichen Duft des Buchsbaumes, ich kauerte – Musik, die erste Orchestermusik, wie immer sie nun beschaffen sein mochte, unersättlich in meine Seele ziehend.

An diesem Ort, in Travemünde, dem Ferienparadies, wo ich die unzweifelhaft glücklichsten Tage meines Lebens verbracht habe, Tage und Wochen, deren tiefe Befriedigung und Wunschlosigkeit durch nichts Späteres in meinem Leben, das ich doch heute nicht mehr arm nennen kann, zu übertreffen und in Vergessenheit zu bringen war, – an diesem Ort gingen das Meer und die Musik in meinem Herzen eine ideelle, eine Gefühlsverbindung für immer ein, und es ist etwas geworden aus dieser Gefühls- und Ideenverbindung – näm-

Literarische Arbeit an „Joseph und seine Brüder": Thomas Mann 1932 im ostpreußischen Seebad Nidden auf der Kurischen Nehrung.

lich Erzählung, epische Prosa: – Epik, das war mir immer ein Begriff, der eng verbunden war mit dem des Meeres und der Musik, sich gewissermaßen aus ihnen zusammensetzte, und wie C. F. Meyer von seiner Dichtung sagen konnte, allüberall darin sei Firnelicht, das große, stille Leuchten, so möchte ich meinen, daß das Meer, sein Rhythmus, seine musikalische Transzendenz auf irgendeine Weise überall in meinen Büchern gegenwärtig ist, auch dann, wenn nicht, was oft genug der Fall, ausdrücklich davon die Rede ist."

Thomas Mann arbeitete gerne am Strand. Im Sommer 1932 etwa entwickelte er im ostpreußischen Seebad Nidden auf der Kurischen Nehrung Teile seines umfangreichsten Romanwerkes „Joseph und seine Brüder".

Als er dann im Jahr darauf, im Februar 1933, Deutschland wegen des heraufdämmernden Faschismus' verließ und fortan im Exil lebte, muß er sich geistig doch an jene Orte zurückversetzt haben, wo ihn die so liebgewonnene, sausende Öde umfing, „blaß hellgrau überspannt, voll herber Feuchte, von der ein Salzgeschmack auf unseren Lippen haftet."

Über die Schweiz landete er schließlich in den USA, Beverly Hills, und kam im Sommer 1939 noch einmal für kurze Zeit nach Europa, genauer nach Holland, zurück, wo er, endlich wieder in einem Strandkorb sitzend (welche Wohltat!), seinen Aufsatz über Leo Tolstojs „Anna Karenina" schrieb:

„Mein Arbeitsplatz, der herrlichste, den ich kenne, liegt einsam. Aber wäre er auch belebter, das isolierende Getöse der Brandung, die schützenden Seitenwände des Strandkorbes, dieses von jung auf vertrauten und eigentümlich bergenden Sitzhäuschens, würden keine Störung aufkommen lassen. Geliebte, unvergleichlich befriedigende und angemessene Situation, welche mein Leben gesetzmäßig immer wieder herbeiführt! Unter einem Himmel, an dem riesige, sacht sich verschiebende Wolkenkontinente die blauen Tiefen gliedern, rollt das Meer, grün sich verdunkelnd gegen den klaren Horizont, in sieben oder acht weiß schäumenden, beiderseits unabsehbar sich erstreckenden Brandungsstreifen.

Die flaschengrün-metallisch schimmernde Wand, sich steilend, sich höhlend und schaumgelöst niederprallend in immer wiederkehrendem Fall, dessen dumpfer Donner den Grundbaß bildet zu dem helleren Kochen und Rauschen der vorderen Brechungen und Ausläufer – nie sieht sich das Auge satt an diesem Schauspiel, wird das Ohr müde dieser Musik.

Einen passenderen Platz gibt es nicht zu meinem Vorhaben: die betrachtende Erinnerung an das gewaltige Buch, dessen Namen ich über diese Zeilen schrieb. Situationsmäßig verwirklicht sich mir eine alte, fast möchte ich sagen: eingeborene Ideenverbindung; – die seelische Einheit zweier Elementarerlebnisse, von denen eines des anderen Gleichnis ist: des Meeres und der Epik."

Selbst wenn Thomas Mann fern seiner geliebten See weilte, etwa in München oder Rom, wo er seinen zu Teilen in Travemünde spielenden Roman „Buddenbrooks" schrieb, so war ihm das Meer innerlich immer nah, und während der Arbeit an diesem Buch über den Verfall einer Familie (erschienen 1901) korrespondierte er des öfteren mit der Heimat, um sich über Details kundig zu machen, etwa über die Eröffnung der Eisenbahnverbindung zwischen Lübeck und Travemünde, wo er als siebenjähriger Knabe 1882 das erste Mal seine Ferien verbracht hatte. So konnte er auch unter südlichem Licht, weitab des himmlischen Ortes seiner Kindheit, das bunte Sommertreiben der Badegäste am Meer plastisch nachzeichnen:

„Tony stieg behutsam durch das hohe, scharfe Schilfgras, das am Rande des nackten Strandes stand. Die Reihe der hölzernen Strandpavillons mit ihren kegelförmigen Dächern lag vor ihnen und ließ den Durchblick auf die Strandkörbe frei, die näher am Wasser standen, und um die Familien im warmen Sande lagerten: Damen mit blauen Schutzpincenez (= Sonnenbrillen; Anm. des Verfassers) und Leihbibliotheksbänden, Herren in hellen Anzügen, die müßig mit ihren Spazierstöcken Figuren in den Sand zeichneten, gebräunte Kinder mit großen Strohhüten auf den Köpfen, die schaufelten, sich wälzten, nach Wasser gruben, mit Holzformen Kuchen buken, Tunnels bohrten, mit bloßen Beinen in die niedrigen Wellen hineinwateten und Schiffe schwimmen ließen."

Wind zupft an den Säumen der Kleider, ein Pferd trabt durchs Wasser, im Strandkorb wird gelesen, das Meer rollt gischtgrün an den Strand, weißer Wellenschaum, der blonde Sand, das Sonnenlicht, ein hellgraues Firmament mit zartblauen Himmelstupfern: In diesem heiteren Lebensraum des sommerlichen Badepublikums steht ein Maler vor seiner Staffelei und verfestigt die Stimmung des Augenblicks, die Bewegung der Natur und die müßige Geschäftigkeit der Urlauber mit raschem, lockeren Pinselstrich, mit leichten, fließenden Farben.

Es ist Max Liebermann, der da, nach der Jahrhundertwende, am niederländischen Strand von Nordwijk aan Zee eines seiner vielen Bilder von badenden Knaben, promenierenden Gästen, entspannt reitenden Herren, geschäftigen Kinderfrauen oder auch eines Tennisplatzes am Meer malt, – kurz: jene Atmosphäre einfängt, die sich um Strandkörbe herum aufbaut und die als Sommerfrischen- und Ferien-Seite des Lebens bezeichnet wird, sich auf diesen Gemälden noch in der Form der ‚guten, alten Zeit' präsentiert, vor dem Massentourismus und der Existenz von Bettenburgen.

Der 1847 in Berlin geborene Max Liebermann war der erste deutsche Maler, der sich um die Jahrhundertwende mit der Staffelei an den Strand stellte, der vor Ort in seinem Freilichtatelier malte und keine Berührungsangst hatte mit den scheinbar profanen Motiven des Menschen im Urlaub.

Er fühlte sich selbst als Badegast, saß mit zwischen den Strandkörben und genoß dieses Leben aus Sonnenwärme und Meeresrauschen, aus Kindergeschrei und Gesprächen nachmittags beim Tee auf der Seeterrasse. Aus Max Liebermanns Bildern spricht ein inniger Konsens zwischen Natur und Mensch, ein sympathisches Vergnügen an einer, zugegebenermaßen, sehr wohlhabenden und sorglosen Welt.

In den Niederlanden hielten sich damals sehr viele deutsche Sommergäste auf, Nordwijk aan Zee, nordwestlich von Leiden, wurde zum Spaß immer wieder als ‚deutsches Seebad' bezeichnet.

Freiluftatelier mit Korb: Max Liebermann mit Staffelei 1911 am Strand von Nordwijk aan Zee.

1906 hatte sich Liebermann von dem sehr viel berühmteren Kurort Scheveningen abgewandt, ihm war es dort zu voll, zu grell, zu turbulent geworden, und er zog nun die Ruhe Nordwijks vor. Im Sommer 1908 malte er dort eine ganze Reihe von Pastellen und Ölgemälden, vervollkommnete seine Entdeckung des Meeres für die Kunst.

Dabei war es ihm tatsächlich nie um das Meer allein gegangen, denn seine Bilder entstanden selten mit frontalem Blick auf die See; der Blick verläuft vielmehr schräg am Strand entlang, trifft gerne auf die Hinteransicht von zwei nebeneinander gerückten Strandkörben, die festgewurzelt stehen wie die berühmten Rückenfiguren eines Caspar David Friedrich. Nur daß in Max Liebermanns Bildern erwartungsvolle Heiterkeit statt Melancholie und romantischer Träumerei vorherrscht, aber der Effekt ist derselbe: Ist man versucht, sich in Friedrichs aufs Meer blickende Menschen hineinzuversetzen, so sieht man sich ebenso selbstverständlich in Liebermanns Strandkörben sitzen und von dort aus das Schauspiel der Natur genießen.

„Strandbild" von Max Liebermann, 1908, Nordwijk aan Zee.

Max Liebermann verstand es glänzend, die ganze Atmosphäre des Ortes einzufangen, den Betrachter die Weite atmen, das Meer schmecken und den Urlaub riechen zu lassen. Stilistisch näherte er sich dem französischen Impressionismus an, doch immer wirken seine Bilder spontaner, frischer und dem Gegenstand, hier dem Charakteristischen von Situationen und Personen am Strand, angemessener als dort. Entscheidend ist für die durch Farbe erzeugten, offenen Stimmungen die Orientierung am Objekt. Max Liebermann abstrahierte nicht, machte die Dinge nicht zu rein farbigen Erscheinungen, er ließ ihnen ihre Eigenart: Ein Strandkorb etwa ist bei ihm immer gräulich-gelb, ein wenig blau getönt in den Schatten.

Diese von Realismus und Naturalismus geprägte Malweise wurde, ein paar Jahre später, von anderen Malern (etwa denen des ‚Blauen Reiter') in Frage gestellt und über Bord geworfen:

„Im Frühling fuhren wir nach der Ostsee nach Prerow, Werefkin,

André, Helene und ich. Dieser Sommer bedeutete für mich eine große Entwicklung in meiner Kunst. Ich malte dort in sehr starken, glühenden Farben, absolut nicht naturalistisch und stofflich. Ich habe sehr viel Rot genommen, Blau, Orange, Kadmiumgelb, Chromoxydgrün. Die Formen waren sehr stark konturiert mit Preußischblau und gewaltig aus einer inneren Ekstase heraus ... Dies war eine Wendung in meiner Kunst."

So beschrieb es nachträglich der 1864 geborene, russische Maler Alexej von Jawlensky, der sich im Sommer 1911 mit seiner Kollegin und Lebensgefährtin Marianne von Werefkin in der ‚Villa Seestern' in dem auf dem Darß gelegenen Ost-Seebad Prerow einquartierte: „Frl. Exzell. v. Werefkin, Marianne, Rußland; Herr v. Jawlensky, Alex, Stabskapitän a.D., Rußland", lautete der Eintrag in die Fremdenliste. In der nahen Künstlerkolonie Ahrenshoop hielt sich in jenem Sommer auch der Expressionist Erich Heckel auf.

Werefkin und Jawlensky arbeiteten gemeinsam an einer Reihe von Motiven, an Ansichten von Dünenwegen und Steilufern, von kleinen Kirchen und urwaldähnlichen Waldstücken. Im Rahmen dieser farblich explodierenden Werke schuf Marianne von Werefkin

„Steilküste von Ahrenshoop" von Marianne von Werefkin, entstanden 1911(Fondazione M. Werefkin, Arizona).

1911 auch ein Bild der Steilküste von Ahrenshoop, ein Gemälde, das mit seiner aggressiven Kolorierung und der Betonung der Diagonale, die die ganze Konstruktion fast kippen läßt, nichts mehr gemein hat mit der entspannt-fröhlichen Schilderung des Strandlebens bei Max Liebermann.

Das in dunklen, gefährlich schimmernden Tönen wiedergegebene Meer und der violett-gewittrige Himmel dominieren die Stimmung. Die klar voneinander abgegrenzten Farbflächen lassen die Entstehung einer expressiven Bildauffassung erkennen, bei der nicht mehr die naturgebundene Tönung gefragt ist, sondern ein zutiefst subjektiver Gesamteindruck. In diesem Bild wurde nicht mehr die Gemütslage einer Landschaft, eines Ortes gespiegelt, – hier fing jemand an, im bewußt verzerrten Abbild einer Landschaft das eigene Wesen zu entdecken und zu ergründen: „Kunst ist dazu da, Dinge sichtbar zu machen, die nicht sind", schrieb die Künstlerin in einem Brief, „die höchstens Spiegelungen der realen Welt in der Seele des Künstlers sein können. Träume der Künstlerseele, welche die Wirklichkeiten verhüllen."

Bei Marianne von Werefkin war der Strandkorb kein „eigentümlich bergendes Sitzhäuschen" mehr, an der „Steilküste von Ahrenshoop" wirkt er einsam, erinnert vielmehr, dem Betrachter zugewandt, an ein offenes Maul, das uns verschlingen könnte.

Marianne von Werefkin war und wurde nie eine Chronistin des Badelebens wie etwa Max Liebermann oder später Ivo Hauptmann, der, zeitweise auf der Insel Hiddensee lebend, häufig Strandkörbe zeichnete, aquarellierte oder in Öl malte.

Der 1886 als Sohn des Schriftstellers Gerhart Hauptmann geborene Ivo war wohl als Zehnjähriger das erste Mal auf das verträumte Eiland bei Rügen gekommen. Viele und regelmäßige Aufenthalte bis in die vierziger Jahre hinein folgten. Nach dem Zweiten Weltkrieg war Ivo Hauptmann dann Präsident der Hamburger Sezession und Lehrer an der Hamburger Landeskunstschule.

Ivo Hauptmanns auf Hiddensee entstandene Strandbilder bewegen sich stilistisch irgendwo zwischen den so unterschiedlichen Arbeiten von Max Liebermann und Marianne von Werefkin. Es gibt konsequent neoimpressionistische Gemälde, Anfang der zwanziger Jahre eine flirrend pointillistische Phase, aber auch Ansichten des Strandes mit expressiven Farbflächen, daneben nüchtern wirkende Aquarelle. Die Vielfalt der Stilrichtungen ist groß, doch immer spricht (wie bei Liebermann) auch aus Hauptmanns Bildern eine grundsätzliche Heiterkeit und Unbeschwertheit, die jedoch nie ganz so absolut wirkt: Rätselhafter sind auf den zweiten Blick manche der auf Hiddensee entstandenen Arbeiten, vielschichtiger und nicht so eindeutig in Bezug auf ihren Inhalt.

Es regnet. Im Hintergrund verlassen Badegäste bereits mit aufgespannten Schirmen den Strand. Doch ein Nashorn flezt noch breit und muffig in seinem Korb, dumpf brütend, den feisten Bauch, auf dem die Krawatte schlampig liegt, scheinbar als Bollwerk gegen Angriffe auf die eigene Behäbigkeit vorschiebend. Das Interesse an der Zeitung ist erlahmt, als schlaffer Fetzen hängt sie in den Sand und das Nashorn äugt mißmutig aus dem Strandkorb hervor.

An der anderen Seitenwand lehnt hochaufgerichtet die Katze, ein vermeintlich schnippisches, arrogantes Wesen, zumindest signalisiert das der spitze Gesichtsausdruck. Ihr Buch hält sie vors Gesicht, so als wolle sie ebenfalls nicht gestört werden, tief versunken in die eigene Lektüre. Die grazil übereinandergeschlagenen Beine und die spitz in den Sand gestellten Füße kontrastieren die plumpe Masse des Nashorns. Ein ungleiches Paar!

„Atlantische Störungen bestimmen weiterhin unser Wetter“ aus der Reihe der „Possierlichen Tierbilder“ von A. Paul Weber.

„Strandkörbe bei Kloster", 1921 (Altonaer Museum, Hamburg): Ivo Hauptmann malte auf Hiddensee unzählige Strandbilder.

Der Reihe der Ende der fünfziger Jahre entstandenen „possierlichen Tierbilder" des politisch-satirischen Zeichners und Illustrators A. Paul Weber ist das Bild entnommen und mit dem vieldeutigen Titel „Atlantische Störungen bestimmen weiterhin unser Wetter" beschrieben.

Man kann allerdings nur mutmaßen, ob Weber hier einfach den Charakter zweier Tiere studierte, ob ihn das Ausharren von Urlaubern im Strandkorb, ist dieser erst einmal bezahlt, auch bei schlechtem Wetter amüsierte oder ob das Bild zusätzlich als Kommentar auf die deutsche Gesellschaft der fünfziger Jahre zu lesen ist, auf reaktionären Muff und empfindsame Zurückgezogenheit vom Alltäglichen: Der eine ist sich als Mittelpunkt der Welt genug, die andere sich scheinbar zu fein, um mit vermeintlichen Proleten noch ein Wort zu wechseln, und sei es der eigene Ehemann.

Platz genommen haben sie zumindest alle beide in einem Strandkorb, auch in der Adenauer-Restauration und beginnenden Wirtschaftswunder-Zeit Freizeitmöbel Nr. 1, der unangefochtene Hort der deutschen Urlauber-Seele.

Nehmen wir Platz bei all' den Künstlern und Intellektuellen, die vor uns nachweislich im Strandkorb saßen, sich hier inspirieren ließen oder auch einfach nur erholten, den Blick aufs Meer gerichtet und die Füße im Sand. Die Liste ist lang, aber keineswegs vollständig:

Ernst Barlach, Johannes R. Becher, Max Beckmann, Gottfried Benn, Max Colpet, Lovis Corinth, Marlene Dietrich, Albert Einstein, Hans Fallada, Lyonel Feininger, Lion Feuchtwanger, Theodor Fontane, Sigmund Freud, Fritz Rudolf Fries, Heinrich George, Maxim Gorki, George Grosz, Gustaf Gründgens, O. E. Hasse, Gerhart Hauptmann, Christoph Hein, Ivo Hauptmann, Ernst Heckel, Jutta Hoffmann, Friedrich Hollaender, Brigitte Horney, Alexej Jawlensky, Uwe Johnson, Erich Kästner, Franz Kafka, Otto Klemperer, Käthe Kollwitz, Käthe Kruse, Harry Kupfer, Max Liebermann, Erika Mann, Heinrich Mann, Thomas Mann, Gerhard Marcks, Ludwig Marcuse, Inge Meysel, Otto Mueller, Armin Müller-Stahl, Edvard Munch, Asta Nielsen, Emil Nolde, Max Pechstein, Hermann Prey, Max Reinhardt, Joachim Ringelnatz, Anna Seghers, Karl Schmidt-Rottluff, Theodor Storm, Ernst Toller, Luis Trenker, Kurt Tucholsky, Conrad Veidt, Paul Wegener, Ehm Welk, Anton Paul Weber, Marianne von Werefkin, Billy Wilder, Carl Zuckmayer.

Halt! Bei einem wurden Zweifel angemeldet. Zwar gibt es ein Foto vom Husumer Dichter Theodor Storm im Strandkorb, doch, wie ein Sylter Heimatforscher nachwies, kann es der populäre „Schimmelreiter"-Autor nicht gewesen sein: Zwar besuchte der tatsächlich im August 1887 Sylt, aber die Aufnahme, die angeblich während seines Aufenthaltes gemacht wurde, zeigt einen Storm-Doppelgänger im Strandkorb, in einem Modell, das es zu der Zeit auf der Insel noch gar nicht gab: „Durch einen Nebensächlichkeitsbeweis die Hauptsache beweisen wollen", wie es Theodor Fontane beschrieb, klappte hier also dank kriminalistischer Korbmöbelforschung. Storm oder nicht Storm – der Dichter war auf Sylt, daran ist kein Zweifel, und er saß wohl auch in einem Strandkorb. Nur für den Fotografen eben nicht!

Noch kein Star – Marlene Dietrich 1926 am Strand von Swinemünde, vier Jahre vor ihrem Erfolg im „Blauen Engel".

DIE FREUNDLICHSTE STRASSE DER WELT

Strandkorbvermieter im Clinch mit Kollegen, Wind und Wetter

Bei hohem Wellengang aufs Meer hinauszuschauen, das ist anstrengend für die Augen. Unschärfen treten auf, Verschwimmungen. Man kann keinen ruhenden Punkt fixieren, – nur der Horizont ist eine Fluchtlinie des Stillstands. Bis sich plötzlich alles wieder bewegt. Gehen auf offener See.

Das Meer drängt sich dem Land zu, schiebt sich Zentimeter für Zentimeter den Strand hinauf, und dort, wo man gestern noch die Füße im warm duftenden Sand vergraben konnte, steht man jetzt knietief im Wasser. Ein paar Strandkörbe stemmen sich der Flut entgegen, erzittern im Wellengetümmel, wirken lächerlich als Trutzburgen gegen den Sturm, wie Spielzeughäuschen, die ein Kind draußen in Wind & Wetter vergessen hat.

Das Wasser klatscht satt gegen die Seitenwände, ein wenig Gischt steigt auf, einige der kleinen Sonnen-Markisen flattern im Wind, manche geht den Weg des geringsten Widerstandes, ist aufgerissen und hängt in schwirrenden Fetzen am Gestell.

Nachsaison

Dumpf stampft ein Traktor gegen das von See kommende Unwetter an, gräbt sich mit Stollenreifen den Weg durch den Sand vor bis an den Flutsaum, wo das Wasser kocht und brodelt. Die letzten Strandkörbe sollen hinter den schützenden Dünengürtel geholt werden, dorthin, wo der Sturm viel leiser, fast melodisch heult. Jeweils vier Körbe haben Platz auf der hinteren, hydraulisch senk- und hebbaren

1963

1636

Plattform des Traktors, so um die zwanzig Strandkörbe stehen noch verloren vorne am Meer. Noch fünfmal dieselbe, die eintönige Tour: Hinausfahren, einen Strandkorb nach dem anderen, alle unglaublich schwer geworden vom Sand im Geflecht und vollgesogen mit salzigem Wasser, auf den Traktor wuchten, dann beim großen Besucher-Parkplatz gleich neben der Strandhalle wieder abladen. Besonders mühsam ist es, die Körbe aus den längst mit Wasser vollgelaufenen Löchern der ehemaligen Strandburgen hochzustemmen. Eine wortlose Plackerei zu zweit, denn jeder laute Zuruf bleibt stumm: Der Wind donnert zu heftig. Auch der nach unten drückende, grau in grau gestufte Himmel dämpft scheinbar alle Geräusche.

Wenn die Flut mit Macht auf den Strand schießt, bleibt oft gar nicht die Zeit, jeden Korb zu zweit zu packen, dann muß man ihn alleine mit Hilfe der ‚Schildkrötentechnik' schultern wie ehedem Atlas die Erdkugel: Der Trick, das gut 80 Kilo schwere Ungetüm im Sturm und ohne Hilfe ein paar Meter tragen zu können, will gelernt sein, sonst verschwindet man am Ende unter der Schale aus Plastik und Holz wie eine Schildkröte in ihrem Panzer.

An der Nordsee müssen Strandkorbvermieter diese Mühe zwei- bis achtmal pro Jahr auf sich nehmen, müssen, je nach Wetterlage und Meldung der Wetterstation, entscheiden, ob sie ihre Körbe nur bis zum Dünensaum zurückstellen oder bei heftiger Sturmflut eine Totalbergung vornehmen. Das Risiko ist groß: Versicherungsgesellschaften verlangen extrem hohe Prämien, wenn einer seine Körbe gegen Sturm versichern will; so lassen es fast alle bleiben.

In Nebel auf Amrum stehen in der Hochsaison bis zu 800 Körbe auf einem Strandabschnitt. In der Nachsaison, wenn die Stürme häufiger sind, ist die Zahl natürlich geringer. Aber auch dann muß man unter Umständen mitten in der Nacht hinaus, Körbe schleppen und den eigenen Bestand in Sicherheit bringen. Sonst gibt es Kleinholz. Und alle Vermieter retten ihre Körbe lieber einmal zuviel als zu wenig. Strandkorbvermieter zu sein, ist kein Beruf, eher Berufung.

Vorhergehende Doppelseite: Strandkörbe bei Wind und Wetter; links oben: Nach Nordseesturm, 1960; links unten: Strandkörbe als Spielball des Windes (bei Stärke 9) und des Sandfluges, 1985; rechts oben: klebriges Schaumbad durch Algenpest, 1987; rechts unten: Farbtupfer in seltener, schneeweißer Szenerie, Winter 1995; alle Bilder auf Sylt.

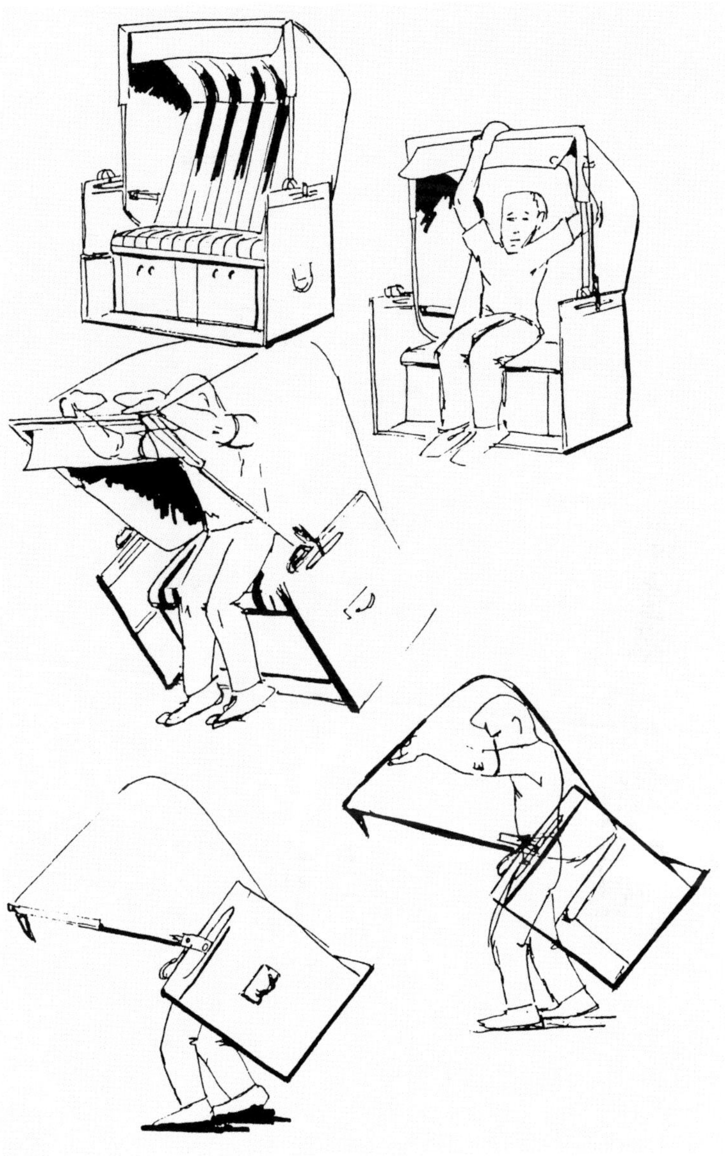

Wie man einen Strandkorb alleine trägt – die ‚Schildkrötentechnik'
(Zeichnung aus: Roger Glamann; siehe Literaturangaben).

Vom Bankhaus an den Strand

Erk Winkler, gebürtiger Amrumer, saß nach seinem Betriebswirtschaftsstudium als Angestellter hinter dem Schreibtisch in einem Düsseldorfer Bankhaus, beschäftigte sich mit dem Börsenwesen und dachte doch nur an die Salzluft, an Wasser und Wind. Schon während der Schule und des Studiums hatte er immer in den Ferien am Strand gejobt, und nun bekam er die Sehnsucht nicht mehr aus dem Kopf. Da bot ihm 1992 die Gemeinde Nebel die Strandkorbvermietung vor Ort an, bis dahin hatte das die Kurverwaltung gemacht. Im folgenden Sommer wurde Erk Winkler endlich sein eigener Unternehmer: mit 170 Körben, geregelter Sieben-Tage-Woche während der Saison und einem durchschnittlichen 12-Stunden-Tag. Manche sehen in ihm einen Aussteiger, er selbst begreift seinen Berufswechsel als Aufstieg. Er ist nun unumschränkter Herrscher über das Strandleben.

Der Verdienst sei in Ordnung, meint er, entspreche einem durchschnittlichen Arbeitnehmerlohn, reich könne man natürlich nicht werden vom Geschäft mit den Körben. Auch weil die meisten Kunden die Preise nicht akzeptieren würden, etwa 70 % der Badegäste fingen an zu handeln, und wenn sie es nicht billiger bekämen, dann gingen sie eben zur Konkurrenz.

„Was machen Sie denn im Winter?“ wird Erk Winkler gern gefragt und kann in der Regel keine präzise Antwort geben. Aber er findet für die kalte Jahreszeit immer eine Nebenbeschäftigung. Viele der Amrumer Strandkorbvermieter arbeiten von November bis März auf dem Bau, als Schreiner, Zimmerer oder Maurer. Zuvor werden die Körbe in den riesigen Winterlagerhallen gesäubert und repariert, eine Arbeit von – je nach Zustand des Einzelexemplars – drei bis sechs Stunden: Viele Körbe müssen neu bezogen werden, eventuell auch gepolstert, Fußrasten und Markisen sind vielleicht zu ersetzen, das Holz erhält einen frischen Schutzanstrich, rostige Schrauben und Beschläge werden ausgetauscht. Dann werden die Strandkörbe sorgfältig getrocknet, weil sie sonst Spakflecken ansetzen, anschließend zweistöckig aufgebahrt und Ende März kommen die ersten wieder an den Strand, Ostern ist ein gutes Geschäft, je nach Wetter.

Rund 15 Jahre hält ein Strandkorb das aus, dann muß er komplett ersetzt werden. Nur wenn Vandalen den Strand heimsuchen, meist nachts, muß mancher Korb vorzeitig ausrangiert werden. Alarm wurde geschlagen, als die Deutsche Bundesbahn 1994 mit Billig-

Reparaturen: Bernd Seipel (Travemünde) hat alle Hände voll zu tun.

tickets viele Studenten, Durchschnittsverdiener und Arbeitslose zu einer Spritztour ins Eldorado der Reichen und Prominenten inspirierte und Sylt deshalb nur so überquoll: Weil die letzten Abendzüge zurück ans Festland hoffnungslos überfüllt waren, mußten viele der Tagesurlauber auf der Insel übernachten und erwählten sich als Notdomizil einen der 8500 Strandkörbe.

Vermietung anno dazumal

Die Front des Andenkengeschäftes in Warnemünde zierte die Rückseite der ‚Mieths-Karten' von Elise Bartelmann um 1900.

Rechte Seite: Nach der Sturmflut – ‚Strand unter' an der Ostsee in Brunshaupten (heute Kühlungsborn).

„MIETHS-BEDINGUNGEN

Die Strandkörbe werden per Woche oder per Monat gegen vorherige Entrichtung des Miethspreises vermiethet. Wenn nicht zwei Tage vor Ablauf der Miethszeit eine Prolongation geschieht, wird angenommen, dass der Korb nicht ferner gewünscht wird und solcher dann anderweitig vermiethet. Eine Garantie für den Korb hat der geehrte Miether nicht zu übernehmen. Etwaige sonstige Wünsche werden thunlichst berücksichtigt. Das Sitzen auf umgeworfenen Körben ist nicht gestattet, und wird um Schonung derselben dringend gebeten."
So steht es auf der ‚Mieths-Karte' der ersten Strandkorbvermietung an der Ostsee, die von Elise Bartelmann in Warnemünde, Am Leuchtturm 10, eröffnet wurde. Ihr Mann, der Rostocker Strandkorberfinder Wilhelm Bartelmann, flocht die Körbe, die seine Frau also an den Feriengast brachte. Das begann 1883, die Strandkorbvermieterin eröffnete darüber hinaus ein Korbwaren- und Andenkengeschäft.

Sieben Sommer später standen bereits über 500 Strandkörbe in Warnemünde an der See. Spätestens dann erkannten auch die Bade- und Kurverwaltungen das Geschäft mit den Strandlauben, wiesen Stellplätze an, verkauften Konzessionen, verlangten Gebühren oder vermieteten selbst. Außerdem mußte jeder Korb mit den Initialen des Eigentümers versehen werden, und wer mehrere Körbe hatte, mußte sie durchnumerieren. Das hat sich bis heute nicht geändert.

Vermieterverbände und Kurverwaltungen

An der Ostsee sind es meist private Vermieter, die am Strand stehen und den Logenplatz am Meer feilbieten. Oft sind sie sogar in einer Art Genossenschaft oder in Verbänden organisiert. Das geht in manchen Seebädern soweit, daß die Jahreseinnahmen entsprechend dem jeweiligen Korbbestand untereinander gerecht aufgeteilt werden. Jeder erhält an seinem Strandabschnitt pro Korb das gleiche Geld wie sein vermeintlicher Konkurrent nebenan. So fehlt jegliche Rivalität, keiner muß befürchten, relativ schlechter zu verdienen als der andere: eine Form sozialistischer Strandkorbwirtschaft.

An der Nordsee ist der Konkurrenzkampf zwischen den privaten Vermietern sehr viel härter, die Stimmung untereinander oft schlecht, denn sie sind alle Einzelkämpfer, Repräsentanten der freien Marktwirtschaft.

Daneben vermieten aber viele Kurverwaltungen selbst, etwa die in Westerland auf Sylt mit durchaus gigantischem Aufwand: Man hat

Vor der Sturmflut: Das Unwetter kündigt sich an – kein Spaß an der Nordsee auf Norderney.

einen riesigen Bestand von 3200 Strandkörben, beschäftigt zwölf Angestellte (davon sechs fest, sechs saisonal), die eine Prüfung als Flechter oder Tischler ablegen müssen, und man kann pro Jahr auf rund eine viertel Million Vermietungen zurückblicken (1994: 249783). Am Ende jeder Saison werden rund 300 Körbe ersetzt, wird für rund eine Viertel Million Mark neu bestellt.

Feriengästen wird Anfang des Jahres eine Vormerkliste zugeschickt, jeder kann also im Rahmen des Westerländer Buchungsservices seinen Strandkorb schon im Februar bestellen. Das sollte man, zumindest für die Hochsaison, auch tun, denn sonst steht man am Ende eventuell ohne da. Und was ist der Strand ohne Korb?

Großeinsatz bei Sturmflut

Eine angekündigte Sturmflut löst in Westerland jedesmal eine generalstabsmäßige Aktion aus, – 3200 Körbe vom Strand zu holen, das verlangt eine exakte Planung: Wachen werden aufgestellt, und wenn das Wetter kommt, werden Feuerwehr und Bundeswehr notfalls nachts aus den Betten getrommelt, um die Feriensofas vom gierigen Wasser weg auf die Promenade zu holen. Bis zu 150 Leute sind dann im Großeinsatz. Aber immer wieder kommt es vor, daß der Warndienst nicht einwandfrei funktioniert, daß eine Sturmflut schneller oder heftiger kommt als erwartet und daß sich die See ein paar Körbe holt: 1970 etwa wurden den Westerländern während einer Herbstnacht 120 Körbe zerschlagen, in Kampen schwammen ein andermal 300 Körbe mit einem Hochwasser auf und davon. Rund 8500 Körbe stehen heutzutage auf ganz Sylt.

Früher, in der Zeit, als manche der Inselbewohner noch schlecht verdienten, als der Tourismus noch nicht das Goldene Kalb war, um das man gewinnbringend tanzen konnte, freuten sich manche Leute auf Sturmfluten, denn da galt es zu profitieren: Neben der Bezahlung für die Strandkorbbergung waren freies Essen und freies Trinken üblich, was nicht selten in feuchtfröhlichen Gelagen endete. Für die Helfer ein Vergnügen, für den Geschäftsmann ein Fiasko.

Edgar Fricke etwa, der nach dem Krieg auf dem Sylter Südzipfel Strandkörbe zu verpachten begann und bis in die siebziger Jahre zum größten privaten Vermieter auf der Insel wurde, sagte einmal ganz pragmatisch: „Am liebsten ist es mir, wenn der 30. September da ist und alle Körbe sind im Stall und die Mäuse auf der Bank!"

Früher mit dem Pferd

Die Arbeit als Strandkorbvermieter ist ohne Zweifel leichter geworden. Mußten die Körbe bis in die sechziger Jahre noch mit Handkarren oder Pferdefuhrwerken transportiert werden, erlaubten die Gemeinden zu Beginn der siebziger Jahre mehr und mehr den Umstieg auf die unromantischeren Zugmaschinen. Inzwischen dieselt fast jeder Vermieter mit seinem ,Trekker' über den Strand, zieht die Körbe entweder auf einem Anhänger hinter sich her oder stellt sie auf die hydraulisch bewegliche Plattform an der Rückseite des Traktors.

Wer schon einmal einen der rund 80 Kilogramm schweren Strandkörbe auf einem Handkarren durch den tiefen Sand gezogen hat, weiß die Erleichterung zu schätzen, vor allem bei Nacht und hereindrückender Sturmflut.

Unten: Korbtransport mit dem Pferdefuhrwerk auf Sylt in den sechziger Jahren; rechts oben: Sylt 1994 – beladener Anhänger wartet auf Traktor; rechts unten: für Notfälle – Strandkorb-Handkarren in Norddorf auf Amrum.

241
811
242
1
563
74

Strandkorbkampf auf Amrum

Der 1908 auf Amrum geborene Detlef Boyens wollte Kapitän werden. Doch weil die Inselschiffahrt nicht viel einbrachte, die Armut groß war und die Wirtschaftskrise heraufdämmerte, schiffte er sich 1928 mit vielen anderen Auswanderern nach Amerika ein. Und da ein Seefahrer alles können muß, verdingte er sich in den USA einfach als Liftboy und als Anstreicher.

Kurz vor dem Beginn des Zweiten Weltkrieges kam Detlef Boyens zurück, die falschen Versprechungen der Nationalsozialisten von ‚Arbeit für alle' hatten ihn gelockt, doch die Enttäuschung folgte auf dem Fuße: Der vermeintliche Kapitän wurde zur Marine eingezogen, diente auf verschiedenen Kriegsschiffen, zuerst im Ärmelkanal, dann vor Dänemark.

Nach dem Krieg ging es vielen Amrumern schlechter als zuvor. Die Fremdensaison dauerte anfangs oft nur sechs Wochen und nicht fast ein halbes Jahr wie heute, viele Familien hielten sich deswegen eine Kuh oder ein Schaf hinter dem Haus, um halbwegs über die Runden zu kommen. Detlef Boyens hatte ein kleines Boot, fischte ein wenig, damit die auf Amrum einquartierten Ostflüchtlinge auch etwas zu beißen hätten, aber all' das brachte nicht viel ein, und so verließ der ‚Käpt'n' Amrum wieder, fuhr 1951 erneut nach New York, wo er noch Verwandte und Bekannte hatte. Er fand Arbeit als Barmixer in einem Club in der Bronx, direkt am Wasser, wo die New Yorker im Sommer auf ihren Hausbooten leben. 1953 versuchte Detlef Boyens die Rückkehr in seine Heimat, doch auf Amrum sah er nach wie vor keine Möglichkeit, genug Geld für seine Familie zu verdienen und so verlängerte er seinen USA-Aufenthalt nochmal um drei Jahre. 1956 kam er dann endgültig zurück, begann mit der Bewirtschaftung der Strandhalle in Norddorf und bewarb sich um eine Konzession für die Strandkorbvermietung.

Am Wasser standen bis dahin fast nur sogenannte ‚Sitzkörbe' mit aufrechtem Rückteil, ohne Verstell- und Liegemöglichkeit also.

„Einmal mietete eine sehr korpulente Dame einen Einsitzer bei mir", erinnert sich Detlef Boyens an diese Zeit, „sie setzte sich also hinein, und als sie später wieder aufstehen wollte, klemmte ihr das Ding an den Hüften. Sie wackelte mit dem Po, drückte und schob mit den Händen, aber der Strandkorb wollte nicht abgehen. Sie lief über den Strand und schrie um Hilfe, schließlich haben wir ihr zu zweit das Ding runtergezogen."

Detlef Boyens übernahm ein paar dieser alten Strandmöbel (Einsitzer und Zweisitzer) vom Hotel Hüttmann und führte gleichzeitig moderne Liegekörbe ein. Er fragte die anderen Vermieter vor Ort, ob sie denn mitinvestieren wollten, aber alle meinten, das brauche es nicht. Zwar standen einzelne Sitzkörbe noch bis in die siebziger Jahre am Norddorfer Strand, doch die neuen, komfortablen Boyens-Körbe waren künftig immer als erste ausgebucht, und so sahen sich die anderen Vermieter gezwungen, ebenfalls Liegekörbe anzuschaffen. Und als Detlef Boyens schließlich Körbe am FKK-Strand aufstellte, was durchaus umstritten war, ließ sich auch die Konkurrenz von den nackten Tatsachen nicht lange beirren.

Eine Rivalität entstand, die bis heute ungebrochen anhält, auch wenn von den damaligen Kontrahenten eigentlich keiner mehr dabei ist; Detlef Boyens etwa übergab das Geschäft an seinen gleichnamigen Sohn. Der meint: „Trotz dem Ärger, ein Strandkorb ist für mich einfach das Schönste, was es gibt. Für den Strand. Für den Garten. Manche Studenten haben sie ja schon in der Wohnung stehen."

Die Situation auf Amrum heutzutage ist bizarr: Auf der kleinen Straße von der Norddorfer Strandhalle bis vor zum Dünengürtel sitzen vier private Strandkorbvermieter innerhalb weniger Meter eng aufeinander. Der Kunde, der sich also für den einen Vermieter entschieden hat, hätte das Geld auch in die Kasse eines der drei anderen bringen können. In der Hochsaison, wenn jeder alle seine Körbe vermietet hat, kein Problem. Aber in der Vorsaison nimmt man sich gegenseitig die Kunden weg, da kam es schon zu Handgreiflichkeiten und üblen Streitereien, auch wenn manche Vermieter behaupten, nein, so etwas würde es nicht geben auf der Insel. Da halte man zusammen.

Einmal wurde der Konkurrenzkampf sogar bis in die Norddorfer Gemeinderatssitzung hineingetragen: Ein Kunde von Detlef Boyens hatte einen hohen Berg aufgeschüttet, das beste Mittel gegen die Belästigung durch Flugsand. Schließlich stellte er seinen Strandkorb auf die so entstandene Aussichtsplattform. Zum Ende des Urlaubes vermachte er den Berg seinen Freunden, die nach ihm auf Amrum Ferien machte. Doch diese Nachrücker mieteten ihren Korb nicht mehr bei Detlef Boyens, sondern bei einem Konkurrenten. Der holte den Boyens-Korb herunter und stellte statt dessen seinen auf den Sandhaufen. Die Frage war nun: Bilden Korb und Berg eine unverrückbare, nur gemeinsam vererbbare Einheit oder verbindet sich mit dem Möbel am Strand kaum das Anrecht auf einen Hügel Sand?

Die freundlichste Straße der Welt auf Amrum: Die vier privaten Norddorfer Strandkorbvermieter kämpfen täglich um die Kunden.

In dieser geradezu rechtsphilosophischen Auseinandersetzung entschieden die Norddorfer Gemeindevertreter schließlich zugunsten von Detlef Boyens und ‚seines' Hügels.

Das Fundament für allen Ärger wird bereits in der Vorsaison gelegt: „Wer Marktwirtschaft studieren will, sollte hier zu uns herkommen", meint Strandkorbvermieter Martin G. Martinen, „hier könnte er richtig lernen, was Konkurrenz ist." Jeder hat im Sommer eine gewisse Stammkundschaft, aber wenn das Wetter im April und Mai noch nicht so recht will und sich nur wenige Gäste blicken lassen, wird der Kampf um den Kunden mit fast allen Mitteln ausgetragen. Im Vorteil ist von den vier Norddorfer Vermietern natürlich der, der ganz vorne in der Reihe sitzt: Während er einen Korb nach dem anderen vermieten kann, vielleicht sogar wochenweise, wird den dahinter sitzenden Kollegen, denen allenfalls das Geschäft mit den Tageskörben bleibt, ganz schwindelig, wenn sie anfangen durchzurechnen, wieviel ihnen verlorengeht, wieviele Körbe bei ihnen eben noch leer stehen. „Manchmal dauert das ein paar Monate, bis wir uns wieder vertragen", sagt Martin G. Martinen, der seit 1977 in

Norddorf Körbe vermietet, „aber im allgemeinen geht das schon. Nur bei schlechtem Wetter und dann noch 100 Körbe frei, ... schon hat man sich in den Haaren."

Vor einiger Zeit wurde ein Rotationssystem eingeführt, – jedes Jahr darf ein anderer Vermieter in der ersten Reihe sitzen.

Die Preise sind bei allen die gleichen, von der individuellen Rabattgewährung einmal abgesehen, und wenn sich einer etwas Neues einfallen läßt, machen das ein paar Tage später die anderen auch: Die großen, bunt bemalten Bretter mit den Namen der Strandkorbvermietungen haben inzwischen alle, wobei keines dieser Schilder größer sein darf als die anderen. Wettertafeln mit Wasser- und Lufttemperatur, Windstärke und -richtung wurden eingeführt, irgendwann wurde mit der zusätzlichen Vermietung von Bollerwagen begonnen, und seit irgendeinem Sommer gibt es zum Strandkorb gratis eine Schaufel dazu.

Manche haben noch zusätzlich eine Surfschule eröffnet, und die drei großen Norddorfer Vermieter Jannen, Boyens und Martinen ließen sich jeweils als Blickfang riesige Fünfsitzer-Strandkörbe als Frischluft-Büros anfertigen. Da sitzen sie nun hintereinander, sprechen vor Ärger oft nicht mehr miteinander und trotzdem ist es ...

Amrumer Schildbürgerstreich: Berg und Korb als Einheit?

Die freundlichste Straße der Welt!

„Du mußt dauernd immer für den Gast da sein, immer freundlich sein; immer lächeln; der sucht das Gespräch. Nur, das ist manchmal 'n bißchen schlecht, wenn du hier Kundschaft hast und Körbe vermieten willst, kannst du dich mit den einzelnen nicht so viel beschäftigen", sagt Detlef Boyens und weiß, daß er vielseitig gefordert ist: Als Vermieter, Seelsorger, Therapeut und Geschäftsmann. „Wenn die Stimmung unter uns am schlechtesten ist und jeder noch Körbe übrig hat, ist das hier stressig und die freundlichste Straße der Welt. Jeder möchte seine Körbe loswerden und zeigt sich den Kunden nur von der Schokoladenseite." Manche Kunden laden beim Strandkorbvermieter ihren Ärger oder ihre seelischen Probleme ab, andere wollen das beste Lokal verraten bekommen und die/der nächste möchte Gesundheitsempfehlungen für den Strandaufenthalt: Zum Korb gibt es Tips gratis.

Nicht jeder Strandkorb bringt jeden Tag Geld ein. 50 Tage ist ein Korb im Schnitt pro Jahr vermietet, nach zwei Jahren hat sich sein Anschaffungspreis amortisiert. Wer wie Detlef Boyens zwischen 300 und 400 Körbe besitzt, hat eine knappe halbe Million am Strand stehen. Damit sich die Investiton auch gelohnt hat, muß jeder die richtigen Strategien für den Kundenfang entwickeln.

Wie spricht man potentielle Strandkorbmieter an, woran erkennt man sie? „Am Blick", meint Erk Winkler, „die schauen noch so fragend. Außerdem haben die Neuankömmlinge meist noch weiße Arme und Beine. Bei uns heißen sie dann ‚Kalkleisten'."

Diesen Frischlingen am Strand muß man jeden Wunsch erfüllen können: Manche wollen denselben Strandkorb wie in den Jahren zuvor, andere nur ein bestimmtes Muster, der dritte vor allem ein absolut neuwertiges Exemplar. Manche Familien kommen bereits in der vierten Generation nach Amrum und berufen sich auf ein über die Jahre erworbenes Gewohnheitsrecht auf eine Vorzugsbehandlung. Um so ausgefallener die Wünsche, um so größer die Probleme für den Vermieter: Ein Stammkunde von Erk Winkler, wohl pensionierter Richter, wünscht alljährlich die Körbe mit den Nummern 211 und 212. Sein Sohn sei nämlich Rechtsanwalt und die Nummern 211 und 212 entsprächen den Mord- und Totschlag-Paragraphen im Strafgesetzbuch. „Ich muß diese Körbe dann manchmal anderen Kunden, die sie vorher haben, förmlich unter dem Gesäß wegziehen und wirklich abschwätzen", sagt Erk Winkler. Für manche Urlauber sei der Strandkorb wirklich ihr zweites Zuhause: „Sie kommen, auch bei Regen, direkt nach der Ankunft von der Fähre zu mir, mieten sich ihren Korb und kümmern sich erst dann um ihr Quartier."

Eine Frau, die jedes Jahr kommt, verläßt ihren Strandkorb während des Urlaubes kaum, geht auch nicht ins Wasser oder am Strand spazieren, sie sitzt nur in ihrer Laube am Meer und liest. Jeden Tag mindestens ein Buch. „Solche Kunden sind ideal", freut sich Erk Winkler, „absolut unproblematisch und zuverlässig."

Für einen Strandkorbvermieter auf Amrum beginnt der Tag schon früh. Anders als etwa die Kollegen in Travemünde, wo es feste Plätze gibt, muß er seine Körbe des öfteren mit dem Traktor umfahren. Die weiten, individuellen, kilometerbreiten Amrumer Strände laden den Gast dazu ein, sich sein Feriensofa etwa nach der Mitte des Urlaubes mal an eine andere Stelle setzen zu lassen.

Detlef Boyens ist während der Hochsaison oft schon um fünf Uhr früh am Strand, bewegt Körbe von einer Stelle zur anderen, regelt die Vorbestellungen, kontrolliert den Bestand. Um sieben geht er dann frühstücken, ab acht Uhr sitzt er am Norddorfer Strandweg und wartet auf Kunden. Oft den ganzen Tag lang. Nur wenn alle Körbe vermietet sind, geht er schon am Nachmittag nach Hause.

„Früher konnte man jeden Schrott vermieten", sagt Martin G. Martinen, „heute will jeder einen neuen Korb haben. Aber weil du nicht nur neue Körbe hast, mußt du eben charmant sein".

Ein nettes ‚Moin' (‚Morgen'; Originalton norddeutsch) soll den vermeintlichen Kunden aufmerksam machen, die Augen treffen sich, Blickkontakt entsteht und das Eis ist gebrochen, der Korb ist weg: So stellt sich der Norddorfer Strandkorbvermieter die ideale Geschäftsabwicklung vor. Bei Superwetter und großem Kundenandrang hat er zur Not ein paar Reservekörbe im eigenen Garten stehen, – manchmal muß er auch zaubern können. Etwa wenn ein guter Stammkunde vergessen hat, seinen Korb rechtzeitig zu verlängern.

„Früher haben die Leute noch richtig Urlaub gemacht", meint Martinen, „ sind nicht erst um elf Uhr an den Strand gekommen, sondern schon um acht und haben hier den ganzen Tag verbracht, gefaulenzt oder Burgen gebaut. Alles war bunt geschmückt, mit Wimpeln und Fahnen und so. Heute wird eher Freizeit konsumiert, jeden Tag was anderes. Fahrradfahren, Wattwanderung, Bootsausflug, Kino, Kinderfest. Für uns ist das Geschäft eher schwieriger geworden. Zumal wir jetzt auch noch Ärger mit dem Naturschutz haben."

M

Strandholzbudenbauer contra Naturschützer

Überreste der menschlichen Zivilisation, ein Bauarbeiterhelm, ein Gummihandschuh, Plastiktüten, Kanister und anderer Trödel sind zu einer bizarren Skulptur zusammengetragen worden, zu einer Art Totempfahl des Mülls. Der Wind pfeift durch das in einer kahlen Astgabel aufgehängte, zerschlissene Fischernetz. Kein Mensch weit und breit.

Das Plastik, mit dem eine der Hütten abgedichtet ist, knattert im Wind, kleine Böen fegen über den flachen Boden. Ein kahler Baum, nur mehr ein Astgerippe, steht weiter hinten. Spuren im Sand. Kilometerweite Sicht. Keine Berge, keine Hügel, nur scheinbar ein-

Links und unten: Biotop für Individualisten – Treibholzbuden und Strandkorbburgen auf dem Kniepsand bei Norddorf/Amrum.

tönige Einsamkeit. Ein paar kreischende Möwen. Die Nacht bricht herein.

Diese Landschaft auf dem Kniepsand, weit entfernt von den offiziellen Stränden Amrums, wirkt bei zunehmender Dunkelheit wie die Szenerie eines fremden Planeten. Oder wie eine Wüste, in der Außerirdische gelandet sind und rätselhafte Zeichen hinterlassen haben. Mit dünnen Stangen und Tuch umzäunte Gebilde. Dürftige Hütten, in denen uns vollkommen fremde Rituale begangen wurden.

Nichts da! Naturliebende Nordseeurlauber haben sich mit Treibholz und dem, was das Meer sonst noch hergibt, ihre eigenen vier Wände gezimmert, fernab des Tourismus: ein Biotop für Strandkörbe in natürlicher Ödnis. Jetzt ist es bedroht.

Oft den ganzen Tag verbringen die ‚Nackedonier' in ihren Buden, wollen einfach ihre Ruhe haben und die Natur genießen. Manche von ihnen kommen seit Jahrzehnten nach Amrum und in letzter Zeit in Konflikt mit der zuständigen Unteren Landschaftspflegebehörde. Mit dem Verbot des Budenbaus verliert der Amrumer Kiepsand aber nicht nur eine originelle Erscheinung, die selbst als schützenswert erscheint, sondern einmal mehr stellt sich der Naturschutz in Frage. Es sind hauptsächlich auswärtige Ökologen, die das Verbot der touristischen Nutzung dieser Zone erwirkt haben und behaupten, die nahe Seeschwalben-Kolonie müsse geschützt werden. Strandkorbvermieter wie Martin G. Martinen, denen bei der Androhung von Strafe verboten wurde, ihre Körbe dort aufzustellen, meinen hingegen, die Seeschwalben hätten sich erst durch die wenigen Urlauber dort ansiedeln können. Er sei schließlich schon seit zwanzig Jahren hier am Strand, mancher Naturschützer aber kenne das Gelände erst seit kurzem. „Die gefräßigen Silbermöwen meiden die Menschen", erzählt Martinen, „und plündern deshalb auch nicht in dem Maße die nahen Seeschwalben-Nester, wenn Menschen in der Nähe sind. Die paar Urlauber sind harmlos und außerdem alle fanatische Vogelschützer. Die machen nur Ferien. Aber sind sie erst weg, dann stürzen sich die Möwen wieder auf die Schwalben. Manche der Budenbauer haben Amrum inzwischen ganz den Rücken gekehrt."

Rechts: Mondlandschaft mit Kindern: umgegrabener Strand als schweißtreibende Beschäftigungstherapie um 1920 auf Hiddensee/Rügen.

ZEHEN IM SAND

Die Strandburg-Connection

PAUL
Wenn man an einen fremden Strand kommt
Ist man immer zuerst etwas verlegen.
JAKOB
Man weiß nicht recht, wohin man gehen soll.
HEINRICH
Wen man anbrüllen darf!
JOSEPH
Und vor wem man den Hut zieht.
PAUL
Das ist der Nachteil
Wenn man an einen fremden Strand kommt.

(Die vier Männer auf dem Weg nach Mahagonny; aus: „Aufstieg und Fall der Stadt Mahagonny" von Bertolt Brecht)

Es ist wie bei der Frage von der Henne und dem Ei: Was war zuerst da? Strandkorb oder Strandburg?

Keine Frage: Der Strandkorb war's! Und während er sich steigender Beliebtheit erfreut, sind die Tage der Strandburg gezählt. Die Zeit der kratergleich umgegrabenen Küsten, dieser Mondlandschaften am Meer, ist vorbei und damit auch die Zeit der Burgenwettbewerbe und der bunt beflaggten Masten, die so manches kunstvolle Gebilde aus Sand, Muscheln und Wasser bekrönten.

Die Zaun- und Abgrenzungsmentalität der Deutschen läßt nach, sagen die Strandkorbvermieter und schicken den Neugierigen zur Feldforschung vor ans Meer, dorthin, wo noch ein paar Strandburgen stehen. Und tatsächlich ruht da ein wahres Ungetüm im Sand, über zehn Meter mißt es im Durchmesser, ein Bollwerk, eine trutzende Feste für den Rückzug in den Urlaub.

Die Badegäste dahinter beschweren sich, sie würden von ihren Strandkörben aus das Meer nicht mehr sehen, und gestern, so erzählen sie, habe jemand mit Muscheln die Worte auf den Wall der Burg gelegt: „Vor wem hast Du Angst?“

Strandspiele anno dazumal: Wer hat die meisten Flaggen, den höchsten Mast? Ostseebad Brunshaupten (heute Kühlungsborn) um 1910.

Vom Winde verweht

Wer baut und baggert also warum und wie eine Strandburg?

Die Frage nach dem Werkzeug ist noch leicht zu beantworten, denn viele Vermieter liefern zum Korb gleich das passende Grabungsgerät mit: Schaufeln in allen Größen!

Obwohl der Service in dieser Hinsicht früher schlechter war, man sich also alles in der Regel selbst mitbringen mußte, war der Burgenbau beliebter. Er gehörte gewissermaßen zum Strand-Alltag samt entsprechendem Zubehör: Manche Urlauber lagern beim Korb- oder Zimmervermieter heute noch ihren Fahnenmast sowie eine Wimpelschnur über Winter ein und holen sich alles im Juli und August für die Ferienzeit wieder.

Doch der deutsche Nationalcharakter hat sich verändert und damit die Symbole nationaler Mentalität, auch dafür ist der Strand ein deutlicher Gradmesser. Viele Gäste meinen, sie hätten Besseres im Urlaub zu tun, als Sand zu schaufeln: Abgrenzen wollten sie sich nicht mehr, das „dolce far niente" sei auch mal schön und wolle man aktiv werden, dann mache zum Beispiel Radfahren mehr Spaß als Schaufeln.

Die Strandkorbvermieter sind ebenfalls keine Fans der Sanddämme, behindern sie doch die Bergung der Strandkörbe bei Sturmfluten extrem. So ist es auf Sylt und auf Föhr inzwischen ganz und gar verboten, Burgen zu bauen. Natürlich auch aus ökologischen Gründen, wird behauptet, als könne das bißchen Erdbewegung ein ganzes Biotop zum Kippen bringen. Auf Schildern ist zu lesen: „Strandburgen bieten Wind und See Angriffsflächen, beschleunigen den Strandverlust, stören die Bewegungsfreiheit am Strand."

In Binz auf Rügen darf die Strandburg nicht mehr als drei Meter fünfzig messen und auf Baltrum soll sie nicht tiefer sein als dreißig Zentimeter.

Die Burg aus Sand – jene temporäre Aufschüttung, die sowieso früher oder später vom Winde verweht wird, scheint wie ein gestrandeter Walfisch langsam ihr Leben auszuhauchen und taugt so allenfalls noch als Metapher für alle Vergänglichkeit des Irdischen.

Vielleicht fehlt ja auch einfach nur die Begeisterung beim Nachwuchs, haben es die Computerkids verlernt, ihre Väter zum Schippen zu animieren und spielen statt dessen lieber mit dem game-boy.

Was tun im Korb?

Natürlich stellte sich schon immer die Frage: Was macht ,Urlauber' eigentlich am Strand? Der Burgenbau war eine Möglichkeit, aber eben keine dauerhafte. Sonnen – das ist in Ordnung für zwei Tage, aber dann wird es langweilig.

Manche beobachten also die Tierwelt, etwa Möwen. Außerdem kann man vom Strandkorb aus ein bißchen Physik treiben, etwa die Kräfte von Flut und Ebbe studieren, wie es ein unterhaltsam trivialwissenschaftliches Jugendbuch nahelegt: „Physik im Strandkorb. Von Wasser, Wind und Wellen".

Ohne Worte: Auf Sand gebautes Strandkorb-Séparée (um 1930).

Urlaubsvergnügungen

Man kann, die Zehen im Sand, wunderbar lesen, zwischendurch baden oder schwimmen gehen, man kann schlafen und anschließend die Zeitung nochmal von hinten durchblättern. Aber soll das schon alles gewesen sein?

„Nebenan Strandkorb drei war noch frei,
und ich saß ganz allein in Nummer zwei
und ich wollte schon gehen gegen zehn,
da kam sie, toll gebaut, so was hatt' ich nie gesehen ...

Und das blaue Meer wurde rosarot
und mein Herz schlug laut so wie ein Motorboot.
Ja, die Welt war auf einmal wunderschön,
es war Sommer und es war noch nicht mal zehn.

Und jetzt war Strandkorb drei nicht mehr frei
und sie sah mich allein in Nummer zwei
und ich lachte sie ganz schön schnell an
und sie lachte zurück und unser Sommerglück begann ...

Und das blaue Meer wurde rosarot
und mein Herz schlug laut so wie ein Motorboot.
Ja, die Welt war auf einmal wunderschön,
es war Sommer und es war erst kurz nach zehn.

Und jetzt ist Strandkorb zwei wieder frei
haha, denn ich sitze mit ihr in Nummer drei!
Keine Lust mehr zu gehen, es ist schön,
kann ich ihr, meiner Nixe, in die großen Augen sehen ...

Und das blaue Meer seh' ich gar nicht an,
rücke Stück für Stück noch näher an sie ran.
Und die Welt war doch nie so wunderschön
und die Zeit blieb für uns beide einfach stehen."

So sang es ein Meister der deutschen Schnulze Anfang der siebziger Jahre (Ray Miller mit Singers) und war damit keineswegs allein. Das Lied zum Strand hat gewissermaßen Tradition, ob es nun beim DDR-Plattenlabel Amiga „Alles blond bis zum Horizont" hieß oder ob das Volksmusikduo „Andy & Bernd" Anfang der neunziger Jahre durchaus frivol trällerte „Wenn die Strandkörbe wackeln, mein Kind, ja dann ist das nicht immer der Wind".

Husch, husch ins Körbchen: Sinnlichkeit & Sex am Strand

„Da kam so ne Dirn aus den Bergen, die hat uns ganz zaghaft gefragt, es gibt da so schlimme Gerüchte, da haben wir leise gesagt: Wenn die Strandkörbe wackeln, mein Kind, dann ist das nicht immer der Wind. Wenn die Strandkörbe wackeln, mein Schatz, ja dann machen welche Rabatz.

Und seid ihr im Urlaub mal oben, dann fragt nicht, probiert es gleich aus. Und mit dieser schönen Erfahrung, seid ihr dann in Liebe zuhaus."

Der Strandkorb als Liebesnest, als Ort des diskreten Stelldicheins hat durchaus Tradition: von erotischen Postkarten der Jahrhundertwende bis zu Pornofilmen unserer Tage. In der auf Sand gebauten Schmusecke wird geküßt und geliebt, geturtelt und auch mal miteinander geschlafen. Strandkorb mon amour: vom romantischen Ort bis zum Bettersatz, ein Ferienmöbel auch für Schäferstündchen. Manche Liebespaare verbringen hier ihre Nächte statt im Hotelzimmer, erzählt schmunzelnd ein altgedienter Strandkorbvermieter und fügt an: „Nachts ist der Strand manchmal belebter, als man denkt!"

Strandkorbgeflüster: Krimi und Kino

„‚Fällt euch nichts auf? Da vorn, die beiden Strandkörbe ...'

‚Tatsächlich!' Frau Riemer war empört. ‚Jemand hat sie heimlich benutzt. Unseren Korb haben sie sogar aus der Strandburg geschleppt. Nein, das geht nun wirklich zu weit!'

‚Vielleicht war es ein Liebespaar', beschwichtigte sie ihr Mann. ‚Die beiden Körbe stehen sich so dicht gegenüber, daß es darin urgemütlich sein muß.'

‚Na hör mal, Helmut! Dafür zahlen wir doch nicht die teure Miete!'"

Ein junges Geschwister- und Diebespaar macht nachts den Strand unsicher, zerstört Burgen, verrückt Körbe und klaut zurückgelassene Badeuntensilien: Sonnenbrillen, Tauchmasken, Flossen und andere Urlaubsaccessoires. So beschreibt es Peter Kuntze in seinem Jugend- und Ferien-Krimi „Das Trio mit Pfiff – Strandkorbgeflüster".

Vorsicht Kamera: Aus dem Film „Wie sich das Kino rächt" (1912).

Das Sofa am Meer wird nachts zum verschwiegenen Ort, zur abgeschotteten Räuberhöhle:

„Ungefähr zehn Meter vor ihnen waren zwei Gestalten damit beschäftigt, Kowalskis und Thalmeiers Strandkorb wieder Öffnung an Öffnung zusammenzuschieben. Jetzt zwängten sie sich über die Armlehnen hinein.

Die Mädchen erhoben sich aus ihrem Versteck, klopften den Sand von den Jacken und schlenderten wie harmlose Spaziergänger einmal um die Strandkörbe Nummer 57 und 62. Wie eine kleine Hütte sah das doppelte Korbgestell aus. Nur der schmale Spalt links und rechts ließ erkennen, daß es sich um zwei gegeneinander gestellte Sitze handelte. Die Insassen hatten es sich offenbar gemütlich gemacht. Aus einem Kofferradio drangen Musikfetzen nach draußen. Hin und wieder tauchte eine Hand auf, die eine glimmende Kippe in die Sandburg warf."

Keine Frage, daß die beiden jugendlichen Strandräuber am Ende gefaßt werden: der Korb als moralische Anstalt.

Zur sittlichen Falle wird das Strandmöbel auch für einen selbsternannten Tugendwächter in dem 1912 gedrehten Stummfilm „Wie sich das Kino rächt". Es ist, soweit bekannt, das einzige Werk der Filmgeschichte, das einen Strandkorb zum Drehort erhebt.

Die Geschichte: Professor Moralski, der Vorsitzende des Vereins zur Bekämpfung der Kinematographie (um die Jahrhundertwende keineswegs eine singuläre Einrichtung), hält eine flammende Rede über die um sich greifende Geschmacksverrohung: „So wird unser Volk vergiftet durch die Schlammströme der Unmoral, die der Kinematograph jeden Abend über sein Publikum ergießt."

Als der Filmfabrikant Flimmer von dem Vortrag hört, beschließt er einen Racheplan. Ein Internationaler Kongreß zur Bekämpfung der Kinematographie findet in einem Seebad statt und dort wird eine Schauspielerin als Lockvogel auf den Professor angesetzt: Sie spricht Moralski am Strand an, beide setzen sich in einen Strandkorb, flirten miteinander, er küßt ihre Hand. Die Szene wird heimlich gefilmt.

Wieder zuhause bietet der Filmfabrikant dem angeblichen Moralapostel einen jener sittenverderbenden Schundfilme zur Vorführung an: Der Professor könne ihn ja bei seiner nächsten Vereinssitzung als besonders abschreckendes Beispiel zeigen. Keine Frage, was da zu sehen sein wird. Moralski selbst ist der Hauptdarsteller in dem Streifen „Der Tugendbold im Seebade". Die Ehefrau und alle Vereinsmitglieder verlassen entsetzt den Saal.

STRANDKORB IN DEN ALPEN

Der Photograph klopfte noch den Sand vom Saum der schneeweißen Sommerkleider, rückte den Strandkorb etwas nach links, schlug eine Falte aus dem gemalten Hintergrund, sagte „Achtung!" und drückte auf den Auslöser.

Wer sich um die Jahrhundertwende eine Erinnerung an den Urlaub mit nach Hause nehmen wollte, der kaufte sich entweder eine Ansichtskarte oder ging ins photographische Atelier. Die Lichtbildner an den Ferienorten waren auf Urlaubsfotos spezialisiert, im Studio hatten sie Sand aufgeschüttet, ein Strandkorb stand bereit, ein Liegestuhl, und an der Wand hing meist ein kunstvoll bemalter Stoff mit einem künstlichen Strandpanorama.

So bekam man ein gut ausgeleuchtetes Photo von sich und seiner Familie, ein Dokument der vollbrachten Erholung.

Die Andenken an die liebste Zeit im Jahr wurden bis in die zwanziger Jahre schnell zahlreicher: Faltfächer mit Hotel-Reklame, ein Kaffeeservice mit Ansichten von Helgoland, eine Vase mit dem Wappen von Travemünde.

Alles Kulisse – Strandkorb und Urlauber im fotografischen Atelier um die Jahrhundertwende in Brunshaupten (heute Kühlungsborn).

Auf die Befestigung kommt es an bei 100 km/h auf der Autobahn!

Dieses Geschäft mit Souvenirs hat sich bis heute vervielfacht und auch das Motiv des Strandkorbs taugt natürlich als Mitbringsel, sei es nun auf einem Wasserglas oder einer Kaffeetasse. Für die Kinder gibt es das geflochtene Puppenmöbel und selbstverständlich Bilderbücher über den Ferienort. Und wer sich mit solchen Kleinigkeiten nicht zufrieden geben will, der nimmt gleich einen ganzen Strandkorb mit. Das passiert öfter, als man denkt, nicht wenige haben das

Neue Heimat: Urlaubs-Mitbringsel (‚Alpenkorb') im Schnee mit Blick auf die Zugspitze und das gesamte oberbayerische Panorama.

Einkaufskorb voller Andenken: Vom Kaffeebecher über den Puppenstrandkorb bis zum Bilderbuch – was das Herz begehrt!

wuchtige Korbmöbel auf dem Autodach schon durch ganz Deutschland gekarrt, um die dann private Freizeitoase etwa in Bayern am Starnberger See oder gleich am Fuße der Zugspitze zu installieren: Was ist ein Strandkorb ohne Sand noch wert?

Die meisten Vermieter an der Nord- und Ostsee verkaufen einen Teil ihres Bestandes zum Saisonende recht günstig – Körbe, die zu alt sind und dem rauhen Klima am Meer mit der salzigen Luft und der stürmischen See wohl nicht mehr lange standhalten würden, auf der Terrasse im Garten aber noch zehn Jahre stehen können.

Während also für die Urlauber am Meer neue Strandmöbel angeschafft werden, verbreiten die alten Körbe zum Beispiel unter bayerischen Kastanien norddeutsche Atmosphäre. Und wer einen guten Riecher hat, der wird, auch wenn der Korb schon einige Zeit im Exil verbracht hat, immer noch den Sommer- und Meer-Geruch atmen können, wenn die heiße Mittagssonne das Plastikgeflecht aufheizt: Dann duftet der Korb nach Salz und Sand, nach Sonnenöl, Muscheln und Tang. Denn im Geflecht und in den Ritzen des Polsters sind Strand und See hängengeblieben, sind sozusagen der Fingerabdruck des Gebrauchtkorbes und verraten seine Herkunft.

Neue Nutzungsmöglichkeiten tun sich auf: Strandkörbe in eigentlich feindlicher Umgebung taugten vor ein paar Jahren bei den 2. Freestyle-Weltmeisterschaften in Oberjoch als Schutz vor heftigem Schneegestöber; ein oberbayerischer Hobbygärtner stellt alljährlich seine Früh-Tomaten in den Strandkorb, weil es dort bereits im April bei Sonnenschein richtig schön warm wird: ein Gewächshaus mit Alpenblick; auf einer bayerischen Bergstation steht ein Strandkorb und lädt ein zum Après-Ski.

In Studentenbuden steht er bisweilen als Sofaersatz im Wohnzimmer, und einige nutzen ihn wohl sogar als Schlafcouch: Tagsüber fungiert er als gemütlicher Zweisitzer, nachts wird das Rückteil nach hinten geklappt, eine Matratze auf die so entstandene Liegefläche gelegt und fertig ist eine warme Höhle für Träume von Sommer, Sonne, Sand und Meer.

Wer will, kann sich einen fabrikneuen Strandkorb per Spedition überallhin liefern lassen, längst hat er die Hollywoodschaukel als erfolgreichstes Freizeitmöbel abgelöst und wird von Jahr zu Jahr beliebter im Garten, auf der Veranda und dem Balkon.

„Wir haben sogar schon Körbe mit eingebauten Stereolautsprechern und Möwen-Sound vom Band geliefert", erzählt Wera Schardt vom Sylter Hersteller in Rantum: Wenn man die Augen schließt, ist die Illusion vom Nordseeaufenthalt perfekt!

Der Sylt-Strandkorb als Exportschlager

Die Rantumer Firma Sylt-Strandkörbe von Willy Trautmann verkauft inzwischen den größten Teil der Jahresproduktion an private Kunden, etwa ein Fünftel geht allein nach Bayern. Das hat gewissermaßen seine geographische Richtigkeit, denn die Wiege der deutschen Korbmacherkunst stand ab dem 16. Jahrhundert für lange Zeit tatsächlich in Süddeutschland, im oberfränkischen Lichtenfels, was auf den Korbweidenkulturen im Maintal beruhte. Das Geschäft ging dort nach dem Zweiten Weltkrieg allerdings stark zurück. Immerhin, in Lichtenfels ist heute noch die Staatliche Fachschule für Korbflechterei beheimatet und im nahen Michelau steht das Deutsche Korbmuseum, das allerdings noch keinen Strandkorb in seiner Sammlung hat.

In Michelau wurde 1910 Paul Schardt geboren, der die Korbmacherei lernte und später, während des Krieges, auf einem Minensuchboot die Küsten vor Sylt zu inspizieren hatte. Sein Blick streifte die Strände entlang und die merkwürdigen, kleinen Korbhütten dort müssen ihn so beeindruckt haben, daß er sich 1947 entschloß, als Bayer auf Sylt eine Strandkorbfabrikation zu gründen. Paul Schardt entwickelte im Laufe der Zeit den Sylt-Strandkorb, der heute zu den bedienerfreundlichsten und langlebigsten in Deutschland zählt. Entscheidend ist ein frei und stufenlos laufender Beschlag an den geraden Seitenteilen, womit sich das Oberteil des Strandkorbes sehr viel leichter verstellen läßt als mit den einrastenden Haken beim ‚klassischen Korb'.

Willy Trautmann, der das Geschäft von seinem 1985 verstorbenen Stiefvater Paul Schardt übernommen hat, legt großen Wert auf höchste Fertigungsqualität: Drei Tage lang wird in seinem Betrieb an einem Strandkorb gearbeitet, werden Rahmen und Holzteile paßgenau geleimt und nicht etwa genagelt oder getackert. Inzwischen wird der Sylt-Strandkorb auch von einigen anderen Herstellern gefertigt bzw. nachgebaut, allerdings meist nicht in der Qualität wie eben in Rantum bei Willy Trautmann.

Kunden hat der Sylter Handwerker und Geschäftsmann inzwischen weltweit, in ganz Europa, in Fernost, Australien und Amerika.

Auch andere Hersteller exportieren ihre Körbe, allerdings nicht so

Ein Bayer auf Sylt erfand ihn in den fünfziger Jahren, den ‚Sylt-Korb', heute ein Exportschlager unter den Strandkörben.

regelmäßig: Mal verliebt sich ein arabischer Scheich auf Deutschlandurlaub in die Ungetüme und es kommt ihm in den Sinn, ein paar Strandkörbe mitnehmen zu wollen; ein andermal ist es ein deutscher Hotelier auf den Kanarischen Inseln, der ein paar Körbe ordert, und mal ist es ein Golfclubbesitzer in Kalifornien, der endlich die richtige Sitzgelegenheit für seine betagten Mitglieder gefunden zu haben glaubt.

Willy Trautmann schließt nicht aus, daß der Strandkorb mehr und mehr auch in Amerika heimisch wird. Große Hotels an Binnenseen, etwa in der Nähe von Chicago am Lake Michigan, sind interessiert an den Freizeitmöbeln ‚handmade in Germany', auch wenn die Körbe durch den Transport und den Umtauschkurs in den USA fast das Doppelte kosten wie in Deutschland. Skeptisch ist man nur in Bezug auf ‚Strandkorb-Räuber', erzählt Willy Trautmann: „Die können sich dort nicht vorstellen, daß sie 2000 wertvolle Körbe am Strand stehen haben und daß die nicht gestohlen werden. In Amerika wird eben fast alles geklaut."

VOM KORB ZUR MUSCHEL

Ausblick: Zivilisation unter dem Gesäß

„Der Meeresboden der Ostsee hebt sich allmählich und wird in etwa 10 000 Jahren das Wasser in andere Gebiete verdrängt haben." Damit konfrontierte uns der sowjetische Wissenschaftler M. E. Artemjew Anfang der siebziger Jahre in der Zeitschrift „Erde und Universum" (Heft Nr. 3/1970).

Anzeichen von Unruhe gab es deshalb keine unter Strandkorbfabrikanten. Warum auch? Rund hundert Jahre war der Strandkorb damals, 1970, alt und die Aussicht, in ferner Zukunft, vielleicht in ein paar tausend Jahren, einmal keine Strandkörbe mehr an die Ostsee stellen zu können, weil sich ihr Boden seit der letzten Eiszeit aufgrund fehlenden Gletscherdruckes hebt, erschien geradezu lächerlich. Außerdem: Das Wasser sollte laut Artemjew ja in andere, tiefer liegende Gebiete ablaufen. Dann werden die Strandkörbe eben dort gebraucht, mag man sich gedacht haben. Inzwischen ist Artemjews Prognose aufgrund der Erderwärmung und des erwarteten Anstiegs der Weltmeere sowieso überholt.

Urlaubsgast als Karikaturist: Hans-Dieter Rößler dachte für die DDR-,Ostsee-Zeitung' über alternative Korb-Nutzungen nach.

Marsch durch die Institutionen endet im Korb

Vermutlich hatte die Strandkorbbranche Anfang der siebziger Jahre andere Sorgen. Fast eine ganze Generation ging Ho-Chi-Minh-rufend und außerparlamentarisch opponierend auf die Straße. Eine Generation, von der nicht mit Sicherheit zu erwarten war, daß sie auf ihrem angekündigten Marsch durch die Institutionen einmal im Strandkorb landen würde, der von vielen jungen Leuten damals als ebenso reaktionäres Möbel wie die elterliche Wohnzimmer-Eichenschrankwand abgetan wurde. Aber schließlich geißelten die 68er nicht nur den restaurativen Geist der Politik, sondern bekämpften auch das mehr und mehr um sich greifende Fernweh, definierten den Tourismus als eine andere Form des Imperialismus. So blieben einige, um nicht der Doppelmoral bezichtigt zu werden, im Lande und sitzen inzwischen durchaus gerne in jenen windumhauchten Lauben am Meer, packen ihre Kinder in die als typisch deutsch belächelten Ungetüme und machen in Familie. Nicht jeder Revoluzzer endet im Strandkorb, aber eben doch ausreichend viele, um das Geschäft mit den mobilen Badehütten als nach wie vor krisensicher erscheinen zu lassen.

In Zeiten, in denen vor jedes Urlaubsvergnügen gerne das Wörtchen Individual- gestellt wird (Individual-Reisen; Individual-Erlebnis; Individueller Urlaub am Meer; Ein Rest von Individualität im eigenen Strandkorb usw.), klagen Strandkorb-Vermieter zwar darüber, daß das Möbel am Meer oft nur mehr tageweise gemietet wird und nicht mehr gleich für die gesamte Zeit des Urlaubes. Die Individual-Reisenden unserer Tage entwickeln nämlich hektische Aktivität mit Trekking-Fahrrad-Touren, Ausflugsfahrten, tierkundlichen Strandexpeditionen, Surf-Kursen und allerlei Zirkus für die Kinder. Doch es scheint, als würde die Strandkorbbranche auch diese Mode des Aktiv-Urlaubes überstehen, schließlich kommt jeder Erholungsdynamiker auch wieder zur Ruhe.

Der Strandkorb selbst erscheint als geradezu zeitloses Phänomen, als Trutzburg wider alle Trends und Geschmäcker. Der Wind- und Wetterschutz ist stürmische Zeiten gewöhnt, behauptet sich mit fast unveränderter Form seit über hundert Jahren gegen alles und jeden. Es ist unglaublich, daß dieses unverwüstliche Ding heute noch, in unserer schnellebigen Zeit, kaum anders gefertigt wird als um die Jahrhundertwende: Die Materialien haben sich gewandelt, aber Form und Funktion sind geblieben.

Seit Anfang der neunziger Jahre erlebt der Strandkorb eine wahre Renaissance, weniger an der Küste, sondern im Binnenland. Manche Händler behaupten, daß inzwischen in privaten Gärten mehr Körbe stehen würden als an der See, daß das Freizeitmöbel deshalb in ‚Gartenkorb' umbenannt werden müsse.

Wird das Jahr kommen, in dem sich, von einem Tag auf den anderen, eine neue Spezies von Sitzgelegenheiten an deutschen Stränden durchsetzt? Strandkorb adé? Du ewiger Anachronismus, doch noch vom Fortschritt ein- und überholt?

„Mit den Strandkörben der Nordseeküste bin ich durch drei Jahre Saisonarbeit bei der Kurverwaltung Kampen/Sylt direkt in Kontakt gekommen und habe dort den Umgang mit den Körben und die Einstellung zu ihnen seitens der Kurgäste als Mieter wie auch der Angestellten der Kurverwaltung als Vermieter kennengelernt", schreibt Roger Glamann, ehedem Student des Bereichs ‚Industrial Design' an der Braunschweiger Hochschule für Bildende Künste, zur Motivation für seine 1994 entstandene Vordiplomarbeit „Wettergeschützte Sitz- und Liegemöglichkeiten an Küstenstränden". Ginge es nach dem gebürtigen Sylter, stünde die von ihm entworfene, futuristische Sitzschale bald an den Stränden von Westerland, Kampen, Keitum und Morsum. Denn den traditionellen Körben stellt Glamann ein schlechtes Zeugnis aus:

„Durch die Arbeit mit Mieter und Vermieter auf Sylt ist mir aufgefallen, daß die Hersteller die sehr individuelle Ästhetik der Körbe am Strand erheblich auf Kosten des Komforts und somit des Erholungswertes des Gastes, wie auch auf Kosten des Arbeitsablaufes der Angestellten seit Jahrzehnten beibehalten.

Der Kurgast hat sich derartig an das Strandbild mit den Körben gewöhnt, daß sich dieses Objekt als Sinnbild für den Begriff ‚Urlaub an der Nordseeküste' mit einigen Veränderungen sogar in den heimischen Gärten und Terrassen als ‚Gartenmobiliar' etablieren konnte. Bei einem Vergleich dieser Typen muß man allerdings feststellen, daß zugunsten des Wiedererkennungswertes die Komfortentwicklung beim Strand-Korb schlichtweg ignoriert, beim Gartenvetter durch Stelzen und Krücken mit Müh und Not aufrechterhalten wird."

Roger Glamann hat recht: Spricht man mit denen, die vor Ort in den Körben liegen, so beschwert sich jeder zweite Feriengast über

Immer beliebter im Garten: Nickerchen im klassischen Korb, das Weinglas in Reichweite.

Beliebt, aber selten: Ganzlieger am Strand (hier in Wittdün auf Amrum), stehen im Sand allerdings etwas kippelig.

Beliebt in Zukunft? Die futuristische Strandmuschel „Loopster“ von Roger Glamann als Mini-Modell – Serienreife ungewiß.

den mangelnden Komfort der Urlaubslauben, zumal am Strand meist nur die einfachen Modelle stehen, Halblieger statt Ganzlieger, der Durchschnitt also, der Standard. Das ist verständlich, denn den Vermietern ist das Risiko mit den kostspieligen Komfortkörben zu groß.

Roger Glamann hat vielleicht den Strandkorb des nächsten Jahrtausends erfunden, hat sich bewußt vom Klassiker entfernt und eine formal gewagte Kunststoffmuschel entwickelt nach dem Motto „harte Schale, weicher Kern".

In geschlossener Form erinnert der Prototyp mit seinen beweglichen, ineinander verschiebbaren Gliedern an einen Hummerschwanz, öffnet man die Schale, darf sich der Benutzer wie ein Einsiedlerkrebs in seiner Behausung wohlfühlen, kann sitzen, liegen oder sich in der Komforthöhle verkriechen. Versteckte, profilierte Walzenräder unter dem handlichen Gehäuse ermöglichen den problemlosen, raschen Transport im Sand sowie auf befestigten Wegen. Vermieter müssen keine zwei Zentner mehr über den Strand wuchten, zum Saisonende lassen sich die Kunststoffmuscheln aneinanderkoppeln und können bis vor das Winterlager gezogen werden. Dort werden sie wie Fledermäuse aufgehängt.

„Loopster" hat Roger Glamann seinen Strandkorb getauft (eine Mischung aus den englischen Wörtern für ‚Hummer' und ‚Schleife'), der seine Bewährungsprobe im harten Vermietereinsatz freilich noch vor sich hat.

Vor einiger Zeit hatte schon einmal ein Erfinder geglaubt, den guten, alten Strandkorb ablösen zu können. In Westerland auf Sylt standen Ende der sechziger Jahre ein paar halboffene Sitzkugeln bzw. Sitzwannen aus Kunststoff am Strand, ein Experiment, das schnell wieder abgeblasen wurde.

Bei praller Sonne schmorte die Kundschaft in den avantgardistischen Objekten, denn es fehlte die sanft klimatisierende Wirkung des Geflechtes, und der Wind hatte mit den ulkigen Kugelkörben aufgrund des sehr viel geringeren Eigengewichtes leichteres Spiel als mit den herkömmlichen Modellen.

Bleiben als bisher halbwegs gelungene Alternative kleine, apsidenhafte Zelte, die mit ein paar Handgriffen aufgebaut und ausgesprochen leicht sind. Allerdings kann man in ihnen nicht sitzen.

Auf manchen der ostfriesischen Inseln wie etwa Juist gibt es außerdem traditionell strandkorbähnliche Zelte, mit gestreiftem Markisenstoff bezogene, stabile Gestelle, die denselben Zweck erfüllen wie die geflochtenen Strandmöbel.

Zukunft

Evolutionsgeschichtlich stammen wir aus dem Meer, hier begann alles Leben, und unbewußt suchen wir es auf, nicht um uns an seinen Rändern zu erholen, sondern um den Ort unserer Herkunft zu schnuppern: der Urlaub am Wasser – ein tiefenpsychologisches Phänomen. An der Küste im Strandkorb wird uns klar, daß der größte Teil unseres Planeten ‚Land unter' liegt, die gestreiften Geflochtenen bilden die letzten, flüchtigen Ansiedlungen am Rande der Zivilisation, der Flutsaum ist die magische Grenze zwischen unserer Urgeschichte, die in den Tiefen der Ozeane schlummert, und unserer Zukunft, die wir auf die paar Schollen bauen, die wie die Spitzen der Eisberge aus dem Wasser schauen. Dort, wo die Wellen zu einer meist sanften Gebärde ausholen und unermüdlich am vermeintlich festen Land lecken, fühlen wir uns samt der ganzen Menschheit in Frage gestellt: Wird das Meer uns wieder verschlucken? Haben wir vergeblich versucht, dem Wasser zu entkommen? Der Strandkorb, diese äußerste menschliche Behausung, die sich der See entgegenstemmt, ist die Schleuse zwischen diesen beiden Welten, zwischen Vergangenheit und Zukunft ...

Es gibt, angesichts aller Ungewißheit, kein schützenderes Möbel als ihn, wenn der Mensch pur, nackt und ausgeliefert am Meer steht. Der tägliche Mietpreis von ein paar Mark ist angesichts dieser Dimension ein Witz. In Zukunft sollte jeder daran denken: Der Aufenthalt im Strandkorb ist eine archetypische Erfahrung, auch wenn man es früher einmal ganz banal ‚Sommerfrische' nannte.

> „Das Meer, manchmal sitzt es, man
> weiß nicht, auf welchem Stuhl.
>
> An anderen Nachmittagen schmeckt
> es nach Familie, die am Strand liegt."

So formulierte es der 1902 geborene, spanische Lyriker und Surrealist Rafael Alberti, vermutlich ohne je in einem Strandkorb gesessen zu haben. Trotzdem umschreiben seine Zeilen alle Dimensionen des Strandlebens samt geflochtenem Stuhl so plastisch und treffend, daß man geneigt ist, den spanischen Dichter doch mit dem Sofa am Meer zusammenzubringen. In einer ironischen Anspielung würden sich Albertis Worte sogar auf den hochgerüsteten G8-Gipfel im Juni 2007 im Ostseebad Heiligendamm ummünzen lassen, den Ort, in dessen Nähe der Strandkorb zum Massenphänomen wurde (siehe Seiten 35 bis 41): „Der Politiker, manchmal sitzt er, man weiß nicht, in welchem Korb." Tatsächlich nahmen am 8. Juni 2007 die Teilnehmer des G8-Gipfels (unter ihnen George W. Bush, Wladimir Putin, Tony Blair und Nicolas Sarkozy) für ein Gruppenbild mit Dame (Angela Merkel) in einem speziell für diesen Zweck von der Firma Korb GmbH in Heringsdorf gefertigten Riesenmöbel Platz. Verarbeitet hatte man zwei Kilometer Flechtband, einen Kubikmeter Holz und 35 Quadratmeter blau-weißes Tuch, um Werbung zu machen für das deutsche Qualitätsprodukt an der See, das in jenen Tagen zudem sein 125-jähriges Jubiläum feierte. Aber längst ist es bedroht. Die Hälfte aller Körbe in Deutschland, vor allem die Baumarkt-Billigware, kommt inzwischen als Import aus Asien, klagen die Fachleute der Branche. Der G8-Strandkorb XXL ging ab Mitte Juni 2007 auf Tournee. Wo er aufgestellt wurde, konnte man sich in ihm fotografieren lassen, etwa vor dem Brandenburger Tor. Mecklenburg-Vorpommern warb weltweit mit dem Foto des Politkorbs, etwa auch bei den Olympischen Spielen in Peking, und konnte die Anzahl ausländischer Übernachtungsgäste an der deutschen Ostseeküste deutlich steigern. Was also will man mehr? Offenbar nur noch einen Hundestrandkorb. Den gibt es inzwischen tatsächlich: absolute Wind- und Wetterfestigkeit auch für den Vierbeiner! Für Katzen eignet sich oftmals schon ein großer Puppenstrandkorb. Husch, husch ins Körbchen.

DANK FÜR HILFE UND ANREGUNGEN

Zahlreiche Privatpersonen, Firmen und Institutionen haben dieses Buch mit Informationen, Anregungen und Materialien unterstützt:

Altonaer Museum, Hamburg;
Rudolf Bartelmann, Kühlungsborn;
Bildredaktion Merian, Hamburg;
Deutsches Korbmuseum, Michelau;
Familie Boyens, Norddorf/Amrum;
Familie Buss, Nebel/Amrum;
Kurt Dittmann, Kloster/Hiddensee;
Aral AG, Bochum;
Firma Eggers, Mölln;
Mathias Fromholz, Heringsdorf;
Roger Glamann, Braunschweig und Sylt;
Werner Haselbach/Sylter Archiv, Westerland;
Dieter Harder, Heiligenhafen;
Harriet Hauptmann, Berlin;
Alexander Hefter/ZDF, Mainz;
Corinna Höltzig, Utting;
Hubertus Jessel, Westerland/Sylt;
Martin G. Martinen, Norddorf/Amrum;
Georg Quedens, Norddorf/Amrum;
Wera Schardt, Rantum/Sylt;
Familie Seipel, Travemünde;
Städtisches Museum, Flensburg
Helga Stoyke, Rostock;
Willy Trautmann, Rantum/Sylt;
Villa Patricia, Kühlungsborn;
A. Paul Weber-Museum, Ratzeburg;
Manfred Wedemeyer, Morsum/Sylt;
Erk Winkler, Wittdün/Amrum.

Das Thema ‚Strandkorb' ist schwerlich umfassend und abschließend zu behandeln. Zu zufällig sind Funde und Hinweise, zu komplex ist das historische Umfeld und es fehlt an fundierter wissenschaftlicher Forschung im Bereich der Alltagskultur des Badelebens.

Verlag und Autor freuen sich über Verbesserungsvorschläge zu diesem Buch, die gerne in weitere Auflagen übernommen werden.

LISTE DER STRANDKORBPIONIERE UND -ERFINDER

Bartelmann, Wilhelm (1845 – 1930)
Gründete 1870 in Rostock eine Korbmacherei und machte 1882 den Strandkorb für das Gebiet der Ostsee populär. Seine Frau Elise war die erste Strandkorbvermieterin in Mecklenburg-Vorpommern.

Eggers, Carl (1888 – 1964)
Gründete kurz nach dem Zweiten Weltkrieg in Mölln eine Korbmacherei, die sich bald auf Strandkörbe spezialisierte und im Laufe der Zeit mit einem preisgünstigen, robusten Modell (der Volkswagen unter den Körben) zur wichtigsten Fabrikation in Westdeutschland wurde. Heute ist Peter Eggers, der in Lichtenfels an der Staatlichen Korbmacherschule ausgebildet wurde, der Chef des Familienunternehmens.

Falck, Johann (1870 – 1953)
War bei Wilhelm Bartelmann Geselle, gründete 1895 in Rostock einen eigenen Betrieb, entwickelte bis 1910 den zweisitzigen Liegekorb und war in den zwanziger Jahren einer der großen Strandkorbfabrikanten in Deutschland.

Glamann, Roger (*1969)
Erfand 1994 im Rahmen des Vordiploms (Industrial Design) an der Hochschule für Bildende Künste in Braunschweig die Kampener Strandmuschel „Loopster" und damit vielleicht den Strandkorb der Zukunft: rauhe Schale aus Vollkunststoff und weicher Kern zum Liegen und Sitzen. Bisher nur Prototyp, noch keine Serienproduktion.

Harder, Carl Martin (1904 – 1994)
War bei Johann Falck Geselle, fabrizierte ab 1925 in Wolgast Strandkörbe und gründete dann 1933 die Strandkorbfabrik in Heringsdorf auf der Insel Usedom. War in den dreißiger Jahren einer der maßgeblichen Hersteller, wurde nach dem Zweiten Weltkrieg enteignet und gründete schließlich in Heiligenhafen wieder eine eigene Produktion.

Schardt, Paul (1910 – 1985)
Gebürtiger Oberfranke, der nach dem Zweiten Weltkrieg nach Sylt

ging und dort in den fünfziger Jahren den ‚Sylt-Korb' (der Mercedes unter den Körben) entwickelte.

Sein Stiefsohn Willy Trautmann hat die Firma übernommen und baut heute u.a. Luxuskörbe, erfand den Liftomat mit Gasdruckfederung für die stufenlose Haubenverstellung ohne Kraftaufwand.

VEB Korb- und Flechtwaren Heringsdorf (1953 – 1989)
Volkseigener Betrieb in der DDR, der aufgrund von Problemen mit dem Materialnachschub zuerst Strandkörbe aus ‚Plaste' flocht und in den sechziger Jahren das Ostmodell ‚Typ Platte' kreierte.

Bei der PGH ‚Bau' in Rhena wurde alternativ dazu ein zerlegbarer Strandkorb hergestellt (Rhenaer Strandkorb).

HERSTELLER- UND HÄNDLERLISTE

Agentur Dr. Reindl
Korbinianstraße 1, 82008 Unterhaching
www.strandkorb-info.de

Bartelmann seit 1903
Wohn- & Geschäftshaus
Hermannstraße 28
18225 Ostseebad Kühlungsborn
03 82 93 / 73 03
www.bartelmann.com

Beach-Korb
Ersestraße 77, 31234 Wipshausen
0 53 73 / 5 04 51
www.strand-korb.de

Bris Strandkorbmanufaktur
Gutenbergring 42, 22884 Norderstedt
0 40 / 57 13 00 17
www.strandkorb-verkauf.com
www.strandkorb-hersteller.eu

Broocks Wohnen & Garten
Kieler Chaussee 12, 24214 Gettorf
0 43 46 / 74 35
www.broocks-moebel.de

Eggers Strandkorbfabrik
Stolper Straße 1, 23879 Mölln
0 45 42 / 28 18
www.strandkorb-eggers.de

Eiderstedter Strandkörbe
Karl-Heinz Lorenzen
Uelvesbüller Straße 1
25840 Friedrichstadt
0 45 51 / 89 84 93
www.eiderstedter-strandkorb.de

Exclusiv-Home GmbH
Michael Braun
Waldgraben 3, 21217 Seevetal
0 40 / 22 61 10 90
www.exclusiv-home.de

Fachhandel Landhaus Pülsen
Jürgen Prieß
Dorfstraße 41, 24257 Pülsen
0 43 85 / 59 37 20
www.strandkorb-sylt.com

Flensburger Strandkorbfabrik
W.-D. Lindau
Hafermarkt 28, 24905 Flensburg
04 61 / 2 48 67
www.flensburger-strandkorbfabrik.de

Garmö Freizeit GmbH
Eschenstraße 19, 48485 Neuenkirchen
0 59 73 / 60 88 15
strandkorb.de

garten-und-freizeit.de
HS Fachmarkt Vertriebs-GmbH
Schlossstraße 1, 86405 Meitingen
0 82 71 / 42 62 90
www.garten-und-freizeit.de

Gartenmöbel Center
Papenweg 8a, 32699 Extertal
0 52 62 / 5 69 20
www.strandkorb-center.de

Haus & Garten Ambiente
Im Alten Bauernhaus
Osdorfer Landstraße 253
22589 Hamburg
0 40 / 8 00 10 22 7
www.hausundgartenshop24.de

Hiltraud Dabbert GbR
Vellerner Straße 131, 59320 Ennigerloh
0 25 24 / 44 64
www.strandkorb-dabbert.de

Korbwerk Heringsdorf GmbH & Co. KG
Strand- und Terrassenkörbe
Waldbühnenweg 3
17424 Seebad Heringsdorf
Insel Usedom
03 83 78 / 46 50 50
www.korbwerk.de

Mr. Deko
Forsthof Hagen 16, 22926 Ahrensburg
0 41 02 / 97 68 22
www.mr-deko.com

R & F Strandkörbe
Keitumer Landstraße 38
25980 Tinnum/Sylt-Ost
0 46 51 / 3 25 99
www.strandkorb.net

SK Strandkörbe und Kamine
Stephan Kosser
Alt-Reinickendorf 4–5, 13407 Berlin
0 30 / 83 03 15 12
www.strandkorb-berlin.de

SonnenPartner®
Müsing
Detmolder Str. 627, 33699 Bielefeld
05 21 / 94 71 00
www.sonnenpartner.de

Strandkorbhandel Büsum
Eggert Claussen
Helmsand 1, 25761 Büsum
Tel. 0 48 34 / 9 34 13
www.strandkorb-buesum.de

Sylt-Strandkörbe
Hafenstraße 10, 25980 Rantum/Sylt
0 46 51 / 2 28 43
www.sylt-strandkoerbe.de

Wellness-Concept
Osterdeich 70, 28205 Bremen
04 21 / 4 37 30 56
www.strandkorb-bremen.de

Strandkörbe Scheel
Martin Scheel
Hermann-Kröger-Straße 46
23669 Timmendorfer Strand
0 45 03 / 61 34
www.ostsee-strandkoerbe.de

Strandkorb & Meer
Corina Pries
Kathreinweg 22, 81827 München
0 89 / 43 74 61 77
www.strandkorb-muenchen.de

Strandkorb-Center-Nord
Marc Wachowiak
Bahnhofstraße 6, 24848 Kropp
0 46 24 / 45 07 77
www.strandkorb-center-nord.de

Strandkorb-Manufaktur Buxtehude
Erlengrund 2, 21614 Buxtehude
0 41 61 / 59 66 80
www.strandkorbprofi.com

Strand Service Binz
Martin Kruggel
Dollahner Straße 11a, 18609 Binz
03 83 93 / 3 27 02
www.strandkorb-binz.de
www.strandkorb-ruegen.de

LITERARISCHES STRANDGUT

(Auswahl)

Altonaer Museum/Hamburg
„Saison am Strand. 200 Jahre Badeleben an Nord- und Ostsee“
Ausstellungskatalog, Koehlers Verlagsgesellschaft, Herford 1986

Baade, Michael; Stock, Wolf-Dietmar
„Hiddensee. Insel der Fischer, Maler und Poeten“
Verlag Atelier im Bauernhaus, Fischerhude

Borchert, Jürgen
„Wo die Ostseewellen ... . Literarische Streifzüge durch Mecklenburg-Vorpommern“
Husum Druck- und Verlagsgesellschaft, Husum 1988

Fries, Fritz Rudolf
„An der Ostsee. Unterwegs in Mecklenburg“
Schöffling & Co, Frankfurt a.M. 1995

Glamann, Roger
„Wettergeschützte Sitz- und Liegemöglichkeit an Küstenstränden“
(Entwurfsbetreuer: Farouk Hammad)
Hochschule für Bildene Künste, Braunschweig, 1994

Hage, Volker
„Eine Liebe fürs Leben. Thomas Mann und Travemünde“
Christians Verlag, Hamburg 1993

Kimpel, Harald; Werckmeister, Johanna
„Die Strandburg. Ein versandetes Freizeitvergnügen“
Jonas Verlag, Marburg 1995

Kuntze, Peter
„Das Trio mit Pfiff. Strandkorb-Geflüster“
Franz Schneider Verlag, München 1991

Prignitz, Horst
„Paradiese der Badelust"
Hinstorff Verlag, Rostock 1993

Prignitz, Horst
„Vom Badekarren zum Strandkorb. Zur Geschichte des Badewesens an der Ostseeküste"
Koehler & Amelang, Leipzig 1977

Quedens, Georg
„Das Seebad Amrum"
Verlag Jens Quedens, Amrum 1990

Trefil, James
„Physik im Strandkorb. Von Wasser, Wind und Wellen"
Wunderlich, 1991

DER AUTOR

Moritz Holfelder lebt in München, verbringt seinen Urlaub meist in Norddeutschland und arbeitet als freier Kulturredakteur beim Bayerischen Rundfunk/Radio.

INHALT

Inhalt